シリーズ
ニッポン再発見
2

銭湯

「浮世の垢」も落とす
庶民の社交場

町田 忍［著］

Series
NIPPON Re-discovery
Sento

ミネルヴァ書房

巻頭カラー特集

ヴィジュアル銭湯見学

鉄管でできた煙突。煙突はかつて町のランドマークだった（京都府京都市・白川温泉、現在は廃業。煙突→ P200）。

銭湯には、人のふれあいがある。
現代日本がなくしてしまった心がある。
そしてつきつめていくほど、
その良さが再発見されていく。
日本全国に 4000 軒近くあるという
銭湯の、魅力の一端を見てみよう。

懸魚《げぎょ》とよばれる飾り板。

東京の銭湯は、寺社仏閣のような建築が特徴（東京都足立区・タカラ湯→ P54）。

客を出迎える、
七福神の飾り彫刻。

外観

格子のシルエットが美しく浮かび上がる（岐阜県高山市・桃の湯→ P87）。

路地の先にある銭湯。大きな「ゆ」ののれんが目印となる（大阪府大阪市・源ヶ橋温泉→ P102）。

めずらしいレンガ造りの煙突（群馬県沼田市・旭湯、現在は廃業。煙突→ P200）。

ピンク色の外装がお洒落な雰囲気を醸し出す（北海道函館市・大正湯→ P86）。

年季の入った木製の下足箱（北海道小樽市・小町湯→ P85）。

入口〜脱衣場

店番が座る番台（神奈川県横浜市・仲乃湯。番台→ P74）。

脱衣場には、体重計、冷蔵庫、販売用のシャンプーなど、多種多様のものが置かれている（奈良県奈良市・稲妻温泉→ P104）。

あたたかみのある籐《とう》製の衣類かご（東京都中央区・世界湯→ P121）。

常連客の名前が書かれた柳行李（京都府京都市・錦湯→ P99）。

銭湯富士

ペンキ絵で描かれた富士山くらべ

浴室に入ると目に飛びこんでくる富士山。中島《なかじま》盛《もり》夫《お》絵師作（東京都足立区・大黒湯→ P96）。

銭湯を彩る情景 1

カラン（東京都台東区・廿世《にじっせい》紀《き》浴場、現在は廃業→ P118）。

銭湯絵師競演

丸山清《まるやまきよ》人《と》絵師（写真左）による富士山のペンキ絵（東京都大田区・明神湯→ P94）。

中島盛夫絵師（写真左）による富士山のペンキ絵。冠雪の描き方など、違いを見比べてみよう（東京都目黒区・永生湯、現在は廃業）。

※ペンキ絵は筆者が訪ねた当時のもので、現在は描きかえられて別の絵になっている可能性がある。

モダンな雰囲気の内装にも富士山の絵はよくマッチする。女湯側には赤富士が描かれている。左：中島盛夫絵師作、右：丸山清人絵師作（東京都文京区・ふくの湯）。

ペンキ絵ができるまで

1

2

3

4

1 古いペンキにはがれかかった部分があれば、道具を使ってこすりとる。
2 絵の上からチョークで下描きをする。
3 空はローラーや大きな刷毛で一気に塗っていく。
4 細かい部分は小さめの刷毛で丁寧に仕上げる。
5 完成。依頼者からの要望で、富士山と国立駅の旧駅舎、桜並木が描かれた（東京都国立市・鳩の湯。丸山清人絵師作）。

5

ペンキ絵いろいろ

山小屋。笹《ささ》野《の》富輝《とみてる》絵師作（神奈川県横須賀市・当り湯→ P98）。

エベレスト。中島盛《なかじまもり》夫《お》絵師作（東京都世田谷区・富貴湯、現在は廃業）。

東京スカイツリー®。中島盛夫絵師作（東京都墨田区・荒井湯）。

船と赤富士。丸山清《まるやまきよ》人《と》・中島盛夫絵師共作（東京都杉並区・なみのゆ）。

北陸新幹線（東京都練馬区・北町浴場）。
写真右は中島盛夫絵師。左は筆者。

石川県の名勝、見《み》附島《つけじま》。中島盛夫絵師作（東京都目黒区・永生湯、現在は廃業）。

銭湯を彩る情景 2

浴場の照明（東京都台東区・廿世《にじっせい》紀《き》浴場、現在は廃業→ P118）。

タイル絵

動物たち（東京都江東区・常磐湯）。

鯉（東京都北区・千代の湯、現在は廃業）。

銭湯を彩る情景 3

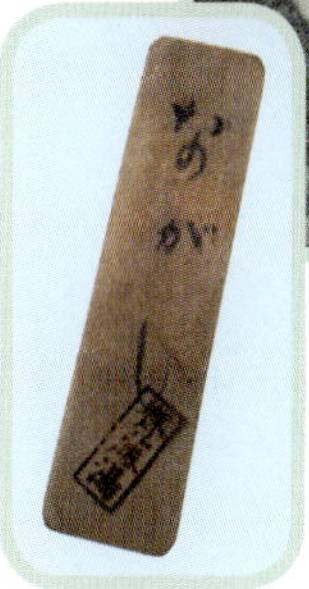

三助さん（上）と三助さんを呼ぶための木札（左）（三助→P180）。

カチカチ山（東京都目黒区・松の湯、現在は廃業）。

裸婦（東京都墨田区・松の湯、現在は廃業）。

銭湯を彩る情景 4

浴室の中央にある円形の湯船（沖縄県沖縄市・中乃湯→P109）。

裸婦、アニメのキャラクター（東京都足立区・小桜湯、現在は廃業）。

モザイク画

無数の小さなタイルによって1枚の絵がつくられる。

アルプス山脈（奈良県奈良市・稲妻温泉→ P104）。

ガラス絵

ガラス面に絵を描き、裏側から鑑賞するガラス絵。銭湯で見ることができるのはめずらしい（東京都目黒区・松の湯、現在は廃業）。

銭湯を彩る情景 5

「わ」の板（左）は湯が「わいた」=開店中、「ぬ」の板（右）は湯を「抜いた」=閉店中をあらわす。ウエハラヨシハル考案・作（東京都足立区・タカラ湯→ P54）。

銭湯を彩る情景 6

銭湯の桶といえばケロリン桶（右上）。木の桶（左）を使っている銭湯もまれにある（写真は東京都北区・稲荷湯）。1963年発売当時の白色ケロリン桶（右下）は、今ではなかなか見ることができない（ケロリン桶→ P175）。

はじめに

今、街の銭湯が、急激にその姿を消しつつある。最盛期の１９６８年には全国に1万８３２５軒あったが、２０１５年10月の時点では、４０００軒を切ってしまった。

銭湯の歴史のはじまりは、およそ８００年前にさかのぼる。しかし、高度経済成長期以降に内風呂が普及したことなどにより、どんどん減ってしまい、今となっては、絶滅の危惧すらあるといっても過言ではない。

銭湯好きにとっては話が暗くなってしまうが、そんな銭湯について、今のうちにしっかりと研究しておくべきだと、私は常日頃から思っている。なぜなら、銭湯は日本人にとって、長年重要な役割を果たしてきたものだからである。

高価な美術品や豪華な建築物などは高く評価され残されている。国宝や文化財に指定されているものも多い。反面、大衆・庶民の日常生活のなかで長年培われてきたもののほど、後世には残らないことが多いようだ。銭湯もそういうものの代表格であるといってよいだろう。

温泉が近年ますます人気を誇っていることに鑑みると、なぜ、絶滅危惧種になってしまったのか？

イラスト画：町田忍

そんな銭湯の謎を解くべく私は、35年前から全国津々浦々の銭湯を巡ってきた。

そもそもの発端は、1980年のこと。オーストラリアの友人がわが家に来た時、日本の文化を体験させたくて、すぐ近所にあった、宮造りの和風銭湯「永生湯《えいせいゆ》」に案内した。その時、彼はその外観を見るなり、「お寺や神社に似ているけど、なぜ?」と尋ねてきた。

残念ながら、その時、私はすぐに答えることができなかった。そんなことを考えてもいなかったからだ。それにしても、文化の異なる外国人だからこその、的を射た質問だった。

それ以来、「どうしてなのか?」という思いが常に私の頭のなかにあった。そんな思いが取り憑いて離れないころ、偶然に街で取り壊し中の銭湯の姿を見た。非常にショックだった。それは、すでに屋根が壊され、浴室のペンキ絵が外に出てしまっている姿であった。

有名な建築物を取り壊すということになれば、保存運動が持ち上がり、世界遺産になることさえある。しかし、こと銭湯となると、日本人にとって、とても大切なものだったはずなのに、誰にも知られず、いつのまにかひっそりと姿を消してしま

う……。壊されても誰も気にとめない。

私の銭湯巡りが、スタートした。最初は、地元東京の目黒から、カメラで記録を始めた。その当時、地上げ屋に間違われたこともあった。

およそ4年間で５００か所ほどは回った。その後、北海道の銭湯を訪ねた。洋風のモダン銭湯との出合いだった。東京以外の銭湯巡りが始まった。

全国を回ってみると、実に多くの発見があった。例えば、番台の高さは、東京がいちばん高いこと。各地の湯船の形や煙突の長さなどの違い。これらは、発見というより、疑問となって、私の頭に残っていった。銭湯の富士山の絵は、いつ、誰によって描かれるようになったのか。私には知りたいことがどんどん出てきた。

こうして、私の謎解きが始まり、とうとうライフワークになってしまった。それは現在でも継続中である。まだまだ進行中ではあるが、２０１５年10月に、ミネルヴァ書房の「シリーズ・ニッポン再発見」に加えていただけるという話が舞い込んできた。ここで新たに調査した結果を含め、今までの研究成果を書いてみようと考えた。

本書は、単に銭湯の造りなどを紹介するものではない。銭湯文化を通じて、日本人の入浴観や、さらには美意識にまで足を踏み入れてみようと思っている。

目次

銭湯雑学

1 銭湯の歴史

「銭湯」ができるまで

「入浴」のはじまり

「入浴」という言葉から受ける印象は、普通、お風呂に入ることだと考えられる。しかし、そのルーツをさかのぼれば、宗教的儀式の「禊《みそぎ》」であると考えられている。

「禊」とは、一般に、神を祀るために、けがれを取り除き、心身ともに清めるといった意味がある。中国三国時代（220～280年）の史書『魏志倭人伝《ぎしわじんでん》』には、身にけがれがある時、聖なる水を浴びて身を清めることだと記されている。

『古事記』における「イナバノシロウサギ」の神話にも、禊が登場する。すなわち、1匹のウサギが皮をむかれて赤裸にされた時に、「治したいのなら海の水を浴びて、風にあたればよい」とだまされ、えらい目にあった。すると、大国主神《おおくにぬしのかみ》がウサギを哀れに思い、真水で体を洗い、蒲《がま》の穂を敷いて寝ころがれば、治ることを教えた。この「真水で体を洗い」は、まさしく禊に通じる行為である。

禊に似たことが、世界の他の宗教にもある。キリスト教における「洗礼」や、ヒンドゥー教におけるガンジス川への「沐浴《もくよく》」は、禊と似たような儀式ということができる。

『公衆浴場史』（全国公衆浴場業環境衛生同業組合連合会著、1972年）によると、聖武《しょうむ》天皇の

光明皇后の伝説を銭湯の発祥とした『洗湯手引草』は、江戸時代の湯屋経営者の手引書だった。
（向晦亭等琳『洗湯手引草』、国立国会図書館所蔵）

后である光明《こうみょう》皇后（７０１〜７６０年）が奈良の法華寺《ほっけじ》にて施浴を施したとされる説話が、日本初の仏教史『元亨釈書《げんこうしゃくしょ》』（虎関師錬《こかんしれん》著、１３２２年）に記述されているという。要約すると次のようになる。

光明皇后は、体が光輝いている美しい方だった。ところが、ある時突然、輝いていた光が消えてしまった。そこで、皇后は、寺院の温室で１０００人の人々に「施浴（貧しい人々や病人・囚人らを対象として浴室を開放して入浴を施すこと）」をおこなうことにより、再び光り輝くよう仏に願いを立てた。施浴の噂を聞いた多数の人々が集まってきた。皇后が、９９９人の施浴を終えた。最後のひとりは、難病患者だった。皇后は、その患者の汚れを流し、患者の体のウミを口で吸い出した。すると、その患者は黄金の阿閦如来《あしゅくにょらい》に変わり、突然生じた雲のなかに姿を消し去った。そしてとうとう皇后の体は、再び輝いた。

以上が説話の概要だが、実はこの説話は、仏教を布教するためにおこなわれていたのではないかといわれている。今でいうところのPR作戦である。当時の大きな寺院には、たいてい「湯屋」とか「浴室」と書かれた建物があり、中央には、大きな釜が置かれ、そこに熱湯がそそがれていた。それは、いわゆる「蒸気風呂」であった。

「湯屋」や「浴室」は無料だったので、多くの人々がやって来た。そうした人々に対し、僧侶が仏教を布教していったのだ。当時の施浴は、その後に登場する商売としての施設ではなかったというわけだ。

光明皇后が施浴を施した伝説が残る法華寺（奈良県奈良市）の浴室。（提供：法華寺）

仏教伝来と温泉

寺院にて施浴という入浴が出現したことはすでに述べたが、布教という意味においては、温泉も大きな役割を果たしていた。

そもそも、現在日本各地に残る温泉の起源に、僧侶が果たした役割は大きい。奈良時代の僧侶、行基《ぎょうき》（６６８〜７４９年）は、沐浴の功徳を説き、仏教の布教行脚《あんぎゃ》をしながら各地で温泉を発見した。特に、それまで衰退していた「有馬《ありま》温泉」に寺院を建立し、布教したことは有名だ。これは湯治という療法により、人々の心身の快復を祈願したもので、その後、全国の温泉に広まった。

同様のことは、空海《くうかい》（弘法大師《こうぼうだいし》・７７４〜８３５年）においてもある。現在、北海道・沖縄を除く全国各地に「弘法の湯」という名の温泉が残されているのがそれだ。しかし、実際に彼が発見したのではなく、名前のみが利用された温泉も少なくない。

重源《ちょうげん》（１１２１〜１２０６年）は、源平合戦で焼失した東大寺《とうだいじ》の再建事業に従事した人々のために、石風呂をつくった。また、多くの寺院に浴室を開設し、念仏沐浴を広めたといわれている。

山形県最上《もがみ》郡戸沢《とざわ》村にある「今神《いまがみ》温泉」は、現在ではめずらしい、「念仏温泉」の異名を持つ。湯治客が温泉につかりながら念仏を唱えるということがおこなわれていたという（現在は廃業し、一般客は利用することができない）。

風呂屋と湯屋

私の家に内風呂ができたのは1970年のことだ。それ以前は、歩いて数十秒のところにあった銭湯を利用していた。銭湯に行く時は、パジャマ姿でもおかしくはなかった。「銭湯はわが家の延長にある」という考えだったからではないかと推測している。

さて、当時は「銭湯」と呼ばずに「お風呂屋」と呼んでいた。また、銭湯に行くことは「湯へ行く」などといっていたようである。「風呂」の本来の意味は蒸し風呂で、サウナのような蒸気風呂をさした。そのルーツは、石風呂などと呼ばれる、洞窟や室《むろ》を利用したものである。熱を送り込んで高温にしたのち、そこに入る方式や、東大寺の大湯屋に残る、中央に沸かした湯を入れた大釜を置き、部屋を蒸気で満たす方式もある。

また、江戸時代の国語辞書『倭《わ》訓栞《くんのしおり》』によれ

石窟を使った蒸し風呂は瀬戸内海各地に分布していた。広島県広島市の「潮湯」（現在は廃業）では、裏手の山の洞窟で蒸し風呂が体験できた。

ば、風呂とは「風炉」をさし、茶の湯を沸かすために用いた炉から転じたとある。炉は火鉢に似ていて、その上に湯を沸かす釜を置いていた。風呂の造りがその形に似ていたので、いつしかそう呼ばれるようになったという説もある。

民俗学者の柳田國男《やなぎたくにお》は『定本柳田國男集・第十四巻』（1981年）のなかで「フロは多分、室と同じ語で、窖又《あなぐら》は、岩屋のことであったろう」と分析している。「室」とは外気から隔て、なかの温度を一定に保つよう造られた場所のこと。「窖」とは地中に穴を掘って、モノを蓄えておく場所のことである。「岩屋」は岩石に穴を掘ってつくった住居、または岩間にできた天然の洞穴のことだ。かつて、銭湯における釜の入れ替え作業をする業者のことを「窖屋」と呼んでいたのもこれに関係があると思われる。

窯風呂体験記

おもに海の近くで発達した岩屋方式に対し、内陸や山間部においては窯風呂と呼ばれる方式があった。

京都市左京《さきょう》区八瀬《やせ》は洛北の山里にある、風情あるのんびりとした場所である。ここでは672年の壬申《じんしん》の乱の時、背中に流矢をうけた大海人皇子《おおあまのおうじ》が、村人が献じた窯風呂で治療したと伝えられている。そこから「矢背」の地名ができ、のちに「八瀬」になったという説がある。

八瀬かまぶろ温泉「ふるさと」の中庭には、京都市の登録有形民俗文化財に指定されている窯風呂が保存されている。これは明治時代に復元されたものだ。

亀のような形をしていて、直径は4メートルほど。小さな焼き口がある。内部は六畳ほどの広さで、照明はない。中部で十数時間加熱したのち、底にむしろなどを敷き塩水を撒布《さっぷ》し、その上に座ったり寝たりして使用したという。現在は一般社団法人八瀬童子会によって管理されている（「八瀬童子」とは、室町時代より天皇の葬儀時に輿を担ぐ役割を務めた人々を指す。昭和天皇葬送時には、会の代表者が式典に参列した）。

この窯風呂は文化財のため実際には利用できないが、「ふるさと」旅館内に再現されたものがあり、こちらは体験することができる。

文化財となっている八瀬の窯風呂。

入口は使用しやすいように高くなっている。まずは専用の浴衣を着る。なかはどうにか見える程度の明るさで、天井が低く、かがんで入る。数人は入れる程度の奥行きである。陶製や木製の枕も用意されていて、リラックスできる。本格的な乾式サウナほど暑くはなく、どちらかというと低温ミストサウナのような感じだ。

その起源を思いながら入っていると、いつしか自分が、背中に矢傷を受けたかつての大海人皇子になってしまったような気持ちになる。時空を超えた不思議な気分に浸ることができる、なんとも神秘的な体験だった。

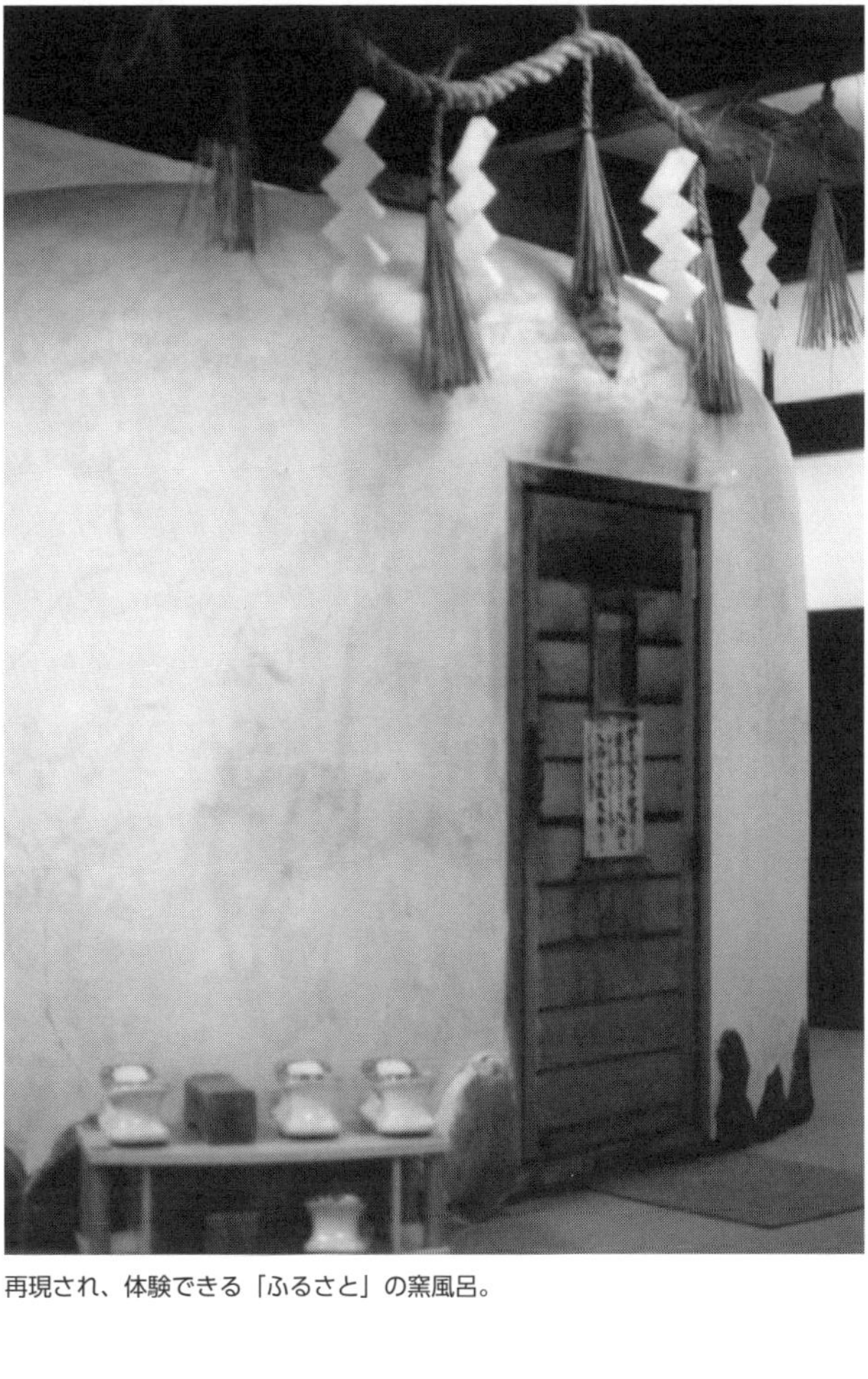

再現され、体験できる「ふるさと」の窯風呂。

「銭湯」の出現

「銭湯」そのものの出現に関しては諸説ある。銭湯の「銭」という文字は有料という意味があるようだが、銭湯が、料金をとって入浴させる商売として登場するのはいつごろであろうか。以下、記録に残っているものから推測してみたいと思う。

『今昔物語《こんじゃくものがたり》』は、平安時代後期（12世紀はじめごろ）に書かれた日本最古の説話集である。仏教説話が中心だが、世俗説話も多く紹介されていて、当時の庶民生活の様子も記述されている。そのなかに「東山へ　湯浴みにとて　人を誘ひ」とあることから、平安時代にはすでに京都に銭湯のような施設があった可能性が考えられる。さらに鎌倉幕府が編纂した歴史書『吾妻鏡《あづまかがみ》』には、1234年9月に「法華堂前湯屋焼失」と記録されている。湯屋とは銭湯のようなものだったのだろうか。

また日蓮《にちれん》が残したとされる『日蓮録内御書《にちれんろくないごしょ》』には、1266年の一文のなかに「湯銭」という文字がある。これらの文献から、鎌倉時代には銭湯のようなものがあったとも考えられる。さらに、京都の祇園社（八坂《やさか》神社）の記録である『祇園執行日記《ぎおんしゅぎょうにっき》』には、1321～1324年に祇園社内の雲居寺《うんごじ》境内にて銭湯を営む、という記述がある。

また、南北朝時代の動乱を描いた軍記物語『太平記《たいへいき》』の1360年の記録には「湯屋風呂の女童部」という記述があるので、このころの町湯には若い女性が働いていたということが推測され、興味はますます深くなる。

大分県の湯布院町にある温泉街は鎌倉時代にまでさかのぼる歴史をもつ。今も共同浴場が利用されている。

書物以外の絵図においても、室町時代のころより町湯が登場している。例えば室町時代末期の作品『洛中洛外《らくちゅうらくがい》図《ず》屏《びょう》風《ぶ》』には、庶民が楽しそうに蒸し風呂を利用している様子が描かれている。さらにこのころには、家族や同僚たちだけで時間を限って入浴する習慣もあったようで、いわば、貸し切り風呂の走りであったといえよう。

これらさまざまな記録から鑑みるに、いわゆる銭湯のはじまりは、鎌倉時代であろうと私は推測している。また、温泉地などには、地元住民らが自主的に管理した共同浴場のような施設が登場していたことも考えられる。

江戸時代の銭湯

そのはじまり

江戸時代における銭湯の登場に関して、文献として確認できるものの最初は、『慶長見聞集《けいちょうけんもんしゅう》』である。これは1614年に出版されたとされる江戸初期の庶民生活における世相や風俗を記した随筆集である。それによると、1591年に伊勢与市《いせよいち》という人が、銭瓶橋《ぜにがめばし》のたもとに銭湯を創業したとある。入浴料は永楽一銭。興味深い点はいろいろあるが、湯は高温で煙が浴室中に充満していて、熱い蒸気で息がつまりそうだったということから、蒸し風呂であったのではないかと考えられる。

ちなみに銭瓶橋の所在地は現在の東京駅のすぐ近く、日本橋本石町《にほんばしほんごくちょう》4丁目あたりで、呉服橋《ごふくばし》と常盤橋《ときわばし》の中間となる。現在そこには、「江戸銭湯発祥の地」を示す看板が立っている。

銭湯発祥の地であることを示す「銭瓶橋跡」の看板。

湯女《ゆな》風呂の登場

銭瓶橋あたりに銭湯が登場してわずか20年あまりのちには、町内ごとに1軒くらい銭湯が営業していたという。その形式は、同様に蒸し風呂だったと思われる。

また、参勤交代の諸大名や城下町の商人などを相手にする「湯女」と呼ばれる女性を置く銭湯、「湯女風呂」が増加した。前出の『慶長見聞集《けいちょうけんもんしゅう》』によると、湯女は客の髪を整えたり、湯上がりの酒の席での相手をしたり、枕を共にしたりするのが仕事だった。

江戸時代前期の湯女風呂の様子。
(井原西鶴『好色一代男』、国立国会図書館所蔵)

湯女風呂の客は当然男性だ。あまりにも繁盛したので、吉原では客が減り、逆に吉原から湯女風呂へ遊女を派遣するようになったという。江戸の人口は、男性が女性より圧倒的に多く、男性が女性と気軽に遊べる場所として湯女風呂は大変な人気であったらしい。

湯女風呂は、吉原のように特定の範囲に限って営業を公認されていたものと違い、幕府の取り締まりの対象だった。幕府と風呂屋のいたちごっこが続き、1637年にはついに、湯女風呂1軒につき湯女は3人という決まりができた。

江戸時代には湯女風呂のほかにも、宿場町には「飯盛《めしもり》女《おんな》」という、似たようなことをする女性もいた。また、「岡場所《おかばしょ》」という私娼屋などもあった。吉原は料金も高く、庶民にとっては日常的に行ける場所ではなかったので、このような非公認の遊び場が繁盛したようだ。

湯女に関する逸話をひとつ紹介しよう。綿を入れた長着の一種で、「丹前《たんぜん》」と呼ばれる着物がある。「どてら」「かいまき」とも呼ばれるものである。その語源にはこのような説がある。徳川家康《とくがわいえやす》に仕えた大名・堀丹後守《ほりたんごのかみ》の屋敷の前に銭湯があり、勝山《かつやま》という湯女出身の有名な太夫がいた。この銭湯は丹後守の屋敷の前なので、丹前風呂と呼ばれるわけだが、勝山は人気抜群、評判も良かった。いつしか彼女が着ている着物や、そこへ通う洒脱な者の着物を総称して丹前と呼ぶようになったという。

吉原の風呂場で、思い思いに入浴を楽しむ女性たち。

（落合芳幾『時世粧年中行事之内 一陽来福姿湯』、山口県立萩美術館・浦上記念館所蔵）

江戸銭湯の種類

江戸時代初期における銭湯様式には、大きく分けて2種類あったようだ。ひとつは「戸棚風呂《とだなぶろ》」と呼ばれた蒸し風呂形式で、おもに蒸気浴を楽しむもの。深さ30センチメートルほどのところに湯が張ってあり、ここにつかるのだが、浅いので体全体はとても入らない。蒸気を逃がさぬよう周囲を板で囲い、入浴する時は引き戸を開けて入る。形がまるで戸棚のようなのでこの名前がつけられたという。当然のことながら、なかは真っ暗。さらに、たくさんの人がいっぺんに入れないという欠点があった。

江戸時代の艶本にも戸棚風呂が描かれている。
(歌川国貞『泉湯新話』、国立国会図書館所蔵)

そこで考え出されたのが「柘榴口《ざくろぐち》」と呼ばれた形式だ。戸棚風呂の入口にあった引き戸のかわりに、高さ1メートルほどの低い小さな出入口をつけ、内部に畳3枚ほどの湯船を置くことで、多くの人が入浴できるようになった。しかし相変わらず蒸気を逃がさないように周囲を囲い、小さな窓がひとつある程度であった。したがってなかは薄暗く、柘榴口から入る時は、声をかけたり、咳払いをしたりするなど何かと気配りが必要だったという。江戸時代後期の滑稽本『浮世風呂《うきよぶろ》』（式亭三馬《しきていさんば》著、1809～1813年）には、この声かけについて以下のように記されている。「田舎者でござい、冷者でござい、御免なさいといひ、或はお早い、お先へと述《の》べ、或いはお静かに、お寛《ゆる》りとなどという類い、則ち礼なり」。こういった声かけは、銭湯に入る際のマナーだったようだ。

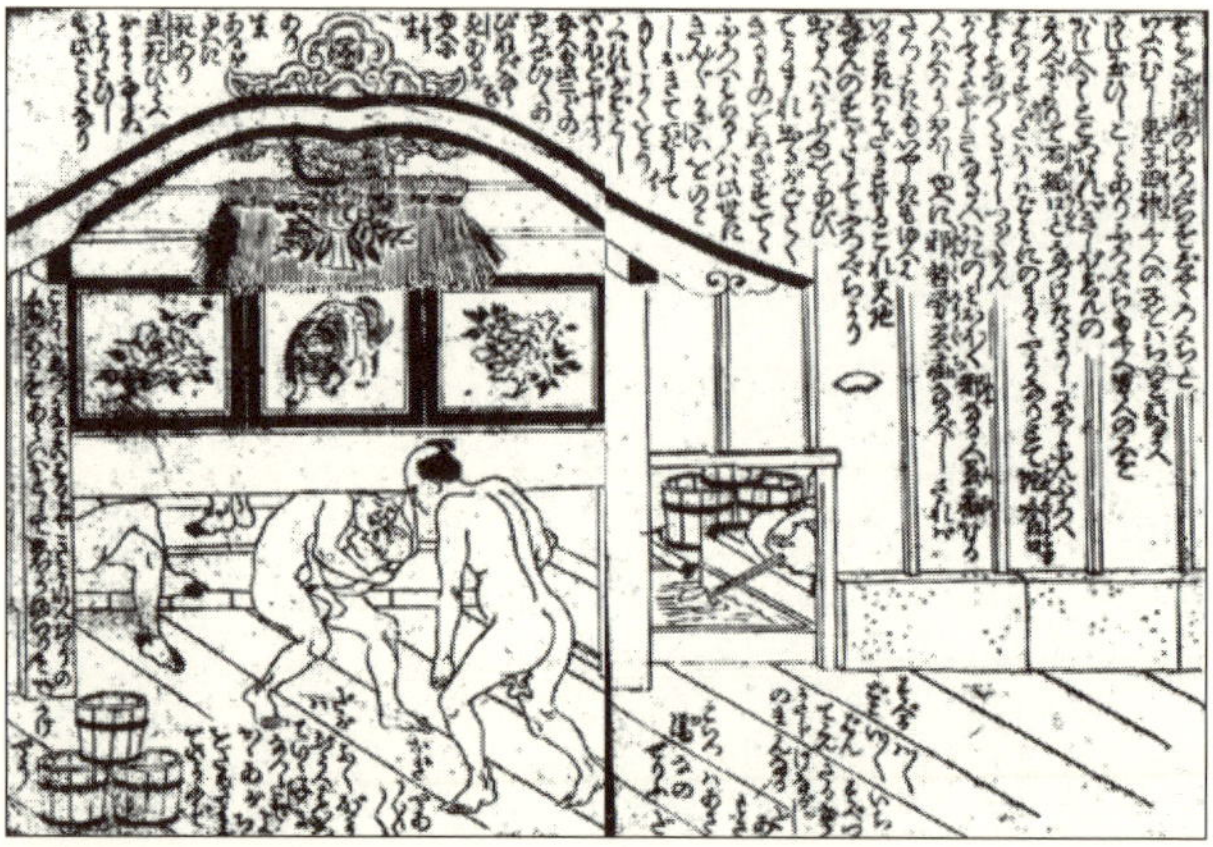

柘榴口をかがんで出入りする人々。

（山東京伝『賢愚湊銭湯新話』、東京大学総合図書館所蔵）

　また、当時の川柳にも銭湯を詠んだものが多い。湯船に入ると、隣の客が浄瑠璃などを唄っていたのだろう、「垢ぬけの　せぬ唄ばかり　湯番まつ」「湯のなかで　洗ひざらいの　芸づくし」「湯屋の清元　まだ垢の　抜けぬ声」などと詠まれた。ほかにも「湯のなかの　屁玉脊《せ》骨《ほね》を　足場にし」「風呂の屁は　人知らずして　湯が笑い」などがあり、これらからも、江戸庶民における銭湯のなごやかな様子を垣間見ることができる。

　当時、戸棚風呂の銭湯を「風呂屋」、柘榴口の銭湯を「湯屋」と呼んでいたと思われるが、より多く湯が使える柘榴口の銭湯がだんだんと主流になっていった。

江戸銭湯の造り

ここで、江戸時代後期に主流となった「湯屋」について、もう少し述べてみることにしよう。

当時の風俗を記録した『守貞謾稿《もりさだまんこう》』（喜田川守《きたがわもり》貞《さだ》著、1853年）によると、江戸の多くの銭湯は男女別だったが、上方は混浴だったとされている。もっとも男女別の場合でも、入口は分かれているが湯船はつながっているなど、その形式はいろいろあったようだ。

町なかで銭湯を見つけるのはかんたんだ。目印は、竹の棒の先にぶら下がる矢をつがえた弓矢や、「ゆ」と大きく書かれた布。弓矢は、「弓射る」と「湯に入る」をかけた洒落からきているのである。

さて、入口を開けるとそこは土間で、履物をぬぎ、棚に入れる。なかには下足番のいる銭湯もあった。次に一段高くなった板の間に上がると、そこには「高座」と呼ばれる高い台がある。「番

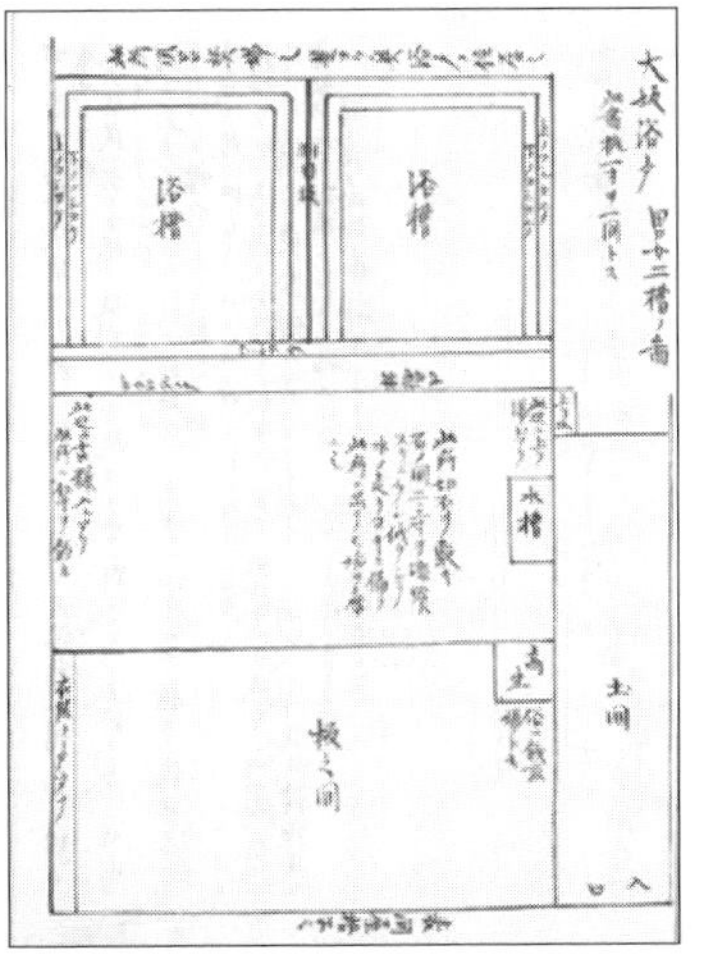

上方の銭湯の見取り図。浴槽以外は男女共用となっている。
（喜田川守貞『守貞謾稿』、国立国会図書館所蔵）

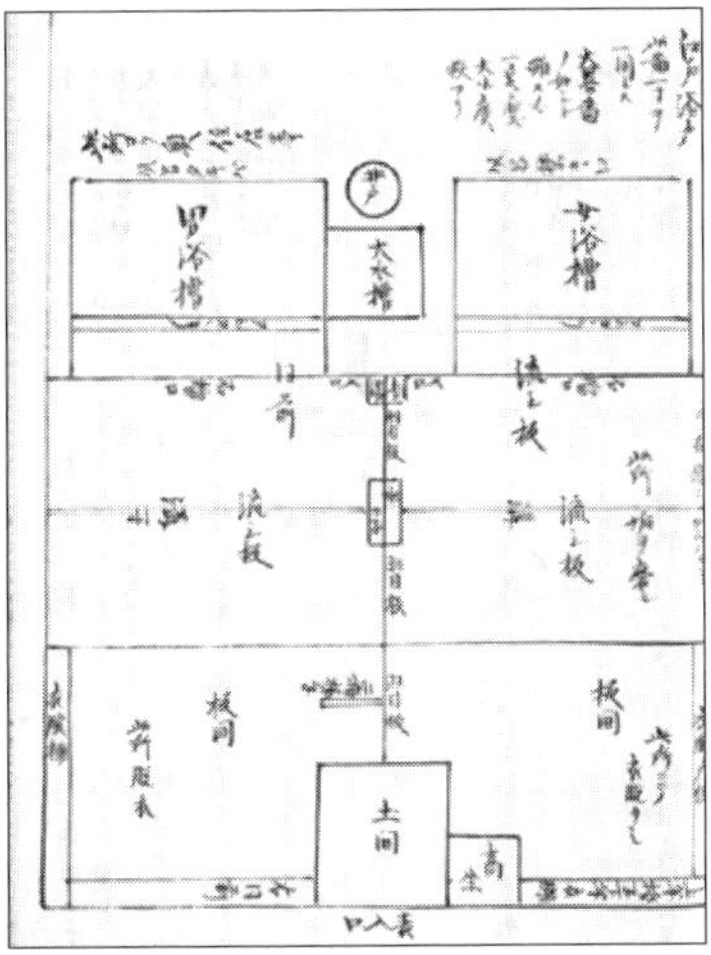

江戸の銭湯の見取り図。浴槽のほか脱衣場なども男女に分かれていた。
（喜田川守貞『守貞謾稿』、国立国会図書館所蔵）

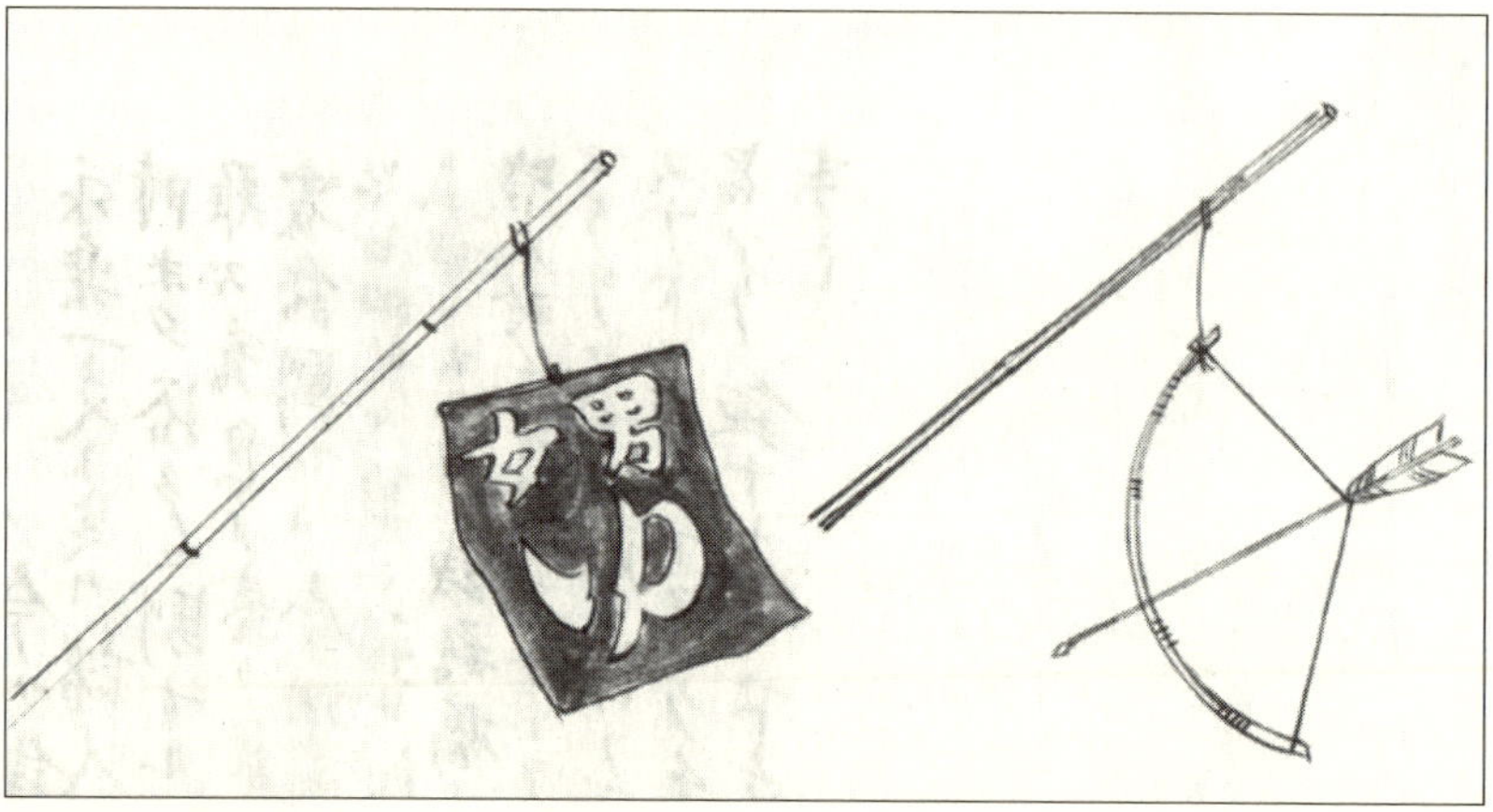

洒落のきいた銭湯の目印。

(喜田川守貞『守貞謾稿』、国立国会図書館所蔵)

台」とも呼ばれたもので、入浴料を徴収したり、体を洗う「糠袋《ぬかぶくろ》」(→P33)などの販売をしたりした。その先が脱衣場になっていて、脱いだ着物は棚に入れるか、戸つきロッカーのようなところへしまう。風呂敷に包んで床に置くところもあったようだ。脱衣場の先は洗い場で、脱衣場と洗い場の境は特にない。洗い場の床の中央に排水のための溝があり、子どもなどはここで小便などをしてしまったとか。浴室には、客に湯を汲む専門の「湯汲み男」と呼ばれる男性がいて、あがり湯(岡湯)をひしゃくで汲み、客の木桶についでくれる。

混んでいる時は、その湯を待つ客がずらりと並んだ。冬になると湯が沸くのに時間がかかるので、つぐ量を減らすなどして工夫をしていたという。

木桶は銭湯のものもあったが、銭湯の桶より大きい「留桶《とめおけ》」という小判型の桶を、三助さん(銭湯の男性の使用人→P180)に祝儀を与えて自分専用に置いておくこともできた。留桶には持ち主の屋号や名前を書いておく。湯をつぐ三助が食事などで不在の時は、今とばかりに客がむやみに汲み出してしまうこともあり、「飯のうち　岡湯をみんな　汲み出され」と川柳からその様子を知ることもできる。

●柘榴口《ざくろぐち》

次にいよいよ湯船に入るわけだが、ここで現れるのが柘榴口だ。客はこの低い入口をくぐって、洗い場から湯船に出入りする。

柘榴口の語源であるが、江戸期を代表する笑話集『醒睡笑《せいすいしょう》』（安楽庵策伝《あんらくあんさくでん》著、1623年）によると、「屈み入ると云ふを鏡鋳ると云にとりなしたる也」とある。昔は鏡が金属製だったため、磨くには酸の強い柘榴酢や梅酢を使用した。ひるがえって、低い位置にある入口を入る時には、屈んで入る必要がある。「柘榴口」というのは、この「鏡鋳る」と「屈み入る」をかけたことからの洒落言葉と説明している。また、客が浴室に入る時に背を丸くして入

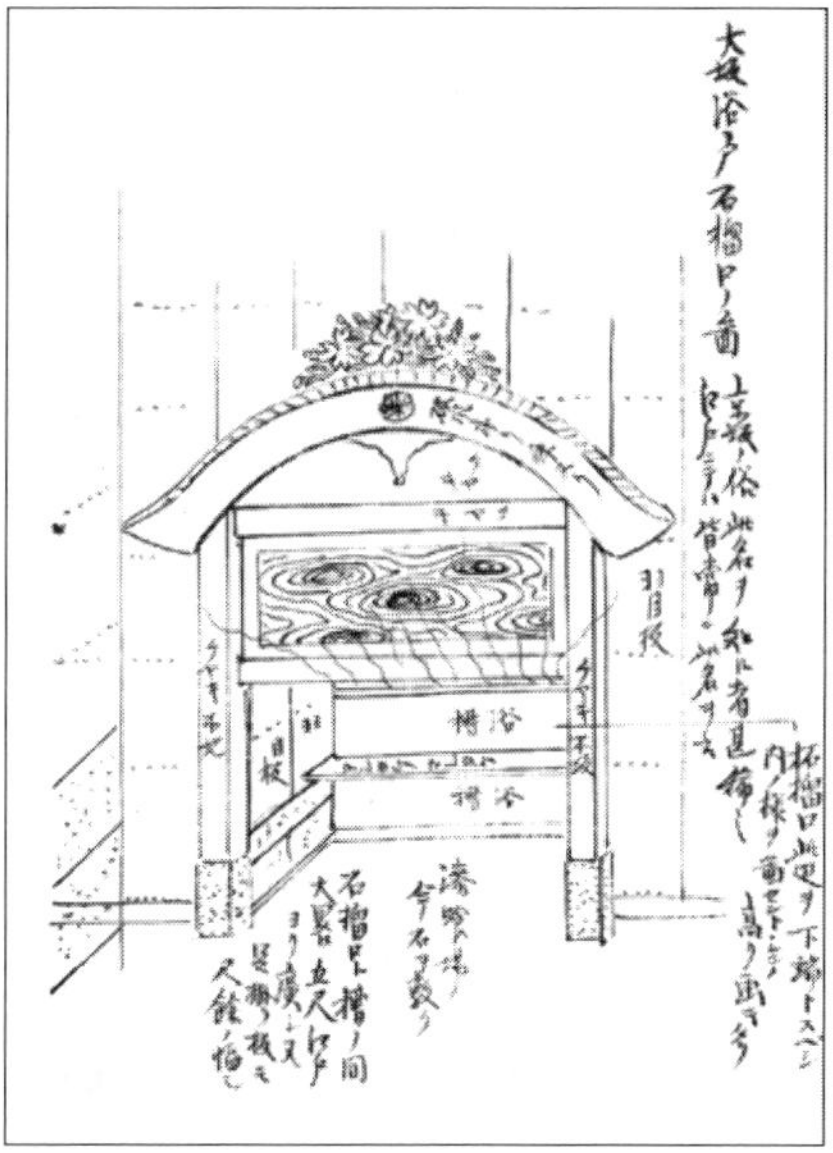

上方の銭湯の柘榴口。「柘榴口」という名は、上方ではあまり用いられなかったとある。この絵はなかの様子が見えるように、実際より高く描かれている。

（喜田川守貞『守貞謾稿』、国立国会図書館所蔵）

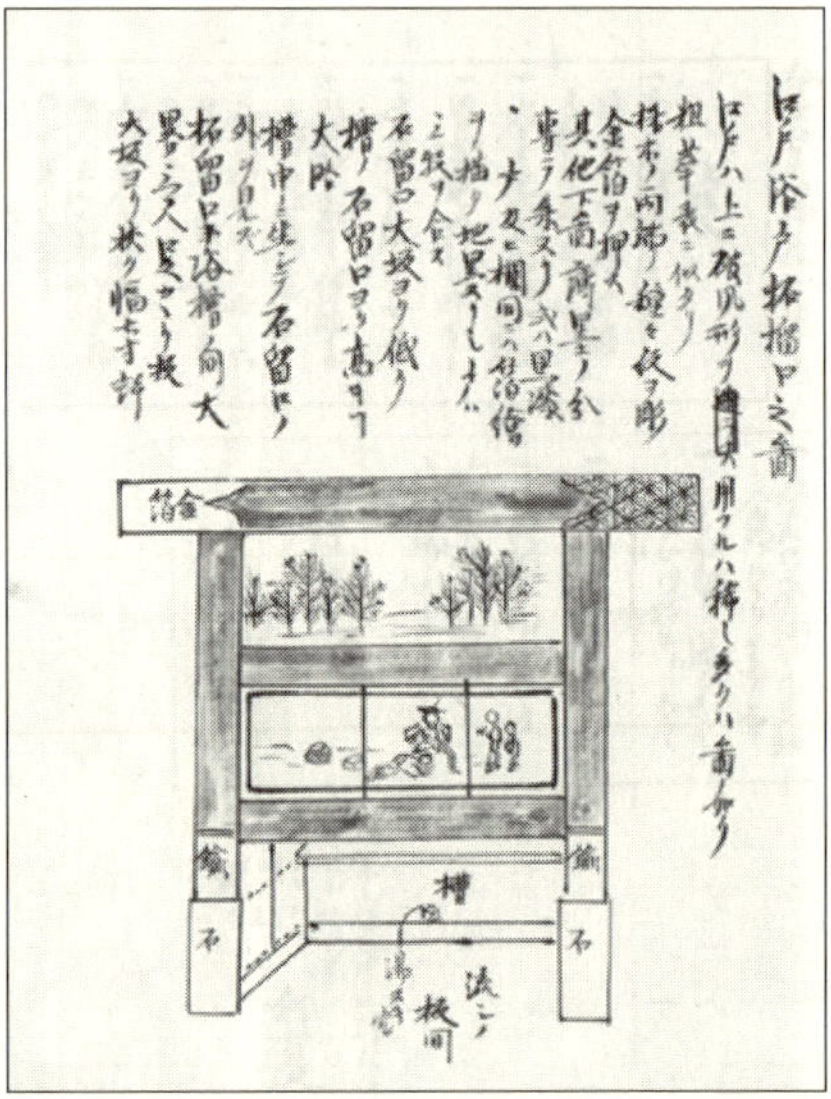

江戸の銭湯の柘榴口。金箔が使われるなど、豪華な造りだったことがうかがわれる。

(喜田川守貞『守貞謾稿』、国立国会図書館所蔵)

る姿が蛇に呑まれるように見えるところから「蛇喰口《じゃくろうぐち》」と呼ばれていたのがなまったとの説もある。

この柘榴口、その様式も銭湯により違いがあった。形はおもにカーヴのある「唐破風《からはふ》」(→P135)と呼ばれる寺社仏閣に使用される屋根の形のものや鳥居の形のものなど。装飾も金箔を使用したものや飾り彫刻のあるもの、漆塗り仕上げ、美しく絵の描かれたものなど、実に趣向を凝らした造りになっていたようだ。

当時、庶民の使用する建物の外観に豪華な唐破風様式などを使用することは、基本的に禁じられていた。そのため、外から見えない内部で、このように銭湯ごとに個性を競ったのだろう。柘榴口は、いわば銭湯のステイタスシンボル的な役割を果たしていたと思われる。ここに江戸の町人文化の豊かさがうかがえる。

しかしそんな柘榴口も、明治時代に入ると、新しい形式の銭湯の出現により、1885年ごろには廃止となった。

湯屋2階の社交場

江戸時代から明治時代初期までの銭湯には2階に座敷があり、男性のみの休憩場としてさまざまな使われ方をした。当初は武士が刀を預ける場所だったが、のちに湯に入った後に茶菓子を食べたり、囲碁や将棋をしたりするために使われるようになった。さらに浄瑠璃語りや講談、時には生け花の会場となるなど、かなり自由な社交場として利用されたようだ。

風俗が乱れるとして湯女《ゆな》風呂（→P19）が1657年に禁止されてからは、2階に小部屋をつくり、そこでかつての湯女がサービスをするということもあった。さらに、床にはめ込まれた格子から下の脱衣場などをのぞくこともできたようで、ずいぶんとおおらかなことであった。外では位の高い武士も、裸になると商人や町人と同じ扱いを受けていたことが、当時の絵からもわかる。

しかし、そんなおおらかな社交場であった2階も、1882年までには東京においては、ほぼ廃止された。

2階の様子。湯上がりの格好で飲食する者、下階をのぞく者などがいる。
（山東京伝『賢愚湊銭湯新話』、東京大学総合図書館所蔵）

江戸の混浴事情

上方に比べれば少なかったとはいえ、江戸の場末には男女混浴（入り込み湯）が多かったらしい。当時の場末とは、江戸城前面の隅田川《すみだがわ》以西の土地で、現在の新橋・銀座・京橋・日本橋・神田・上野などの下町以外、浅草や山の手地区も四谷御門外は場末だったようだ。混浴の構造は板一枚で男女の浴室を仕切っていた程度であった。しかも湯船の仕切りは底までは仕切られていなかったので、もぐりこめばどちらへも行ける構造だった。

江戸時代以前から、温泉地の多くが混浴だったことは、奈良時代に記された地誌『出雲国風土記《いずものくにふどき》』に、島根県の玉造《たまつくり》温泉での老若男女の混浴の様子が紹介されていることからもわかる。このような習慣が、銭湯における混浴の風習を定着させたと考えられる。

幕府は混浴による風紀の乱れを取り締まるため

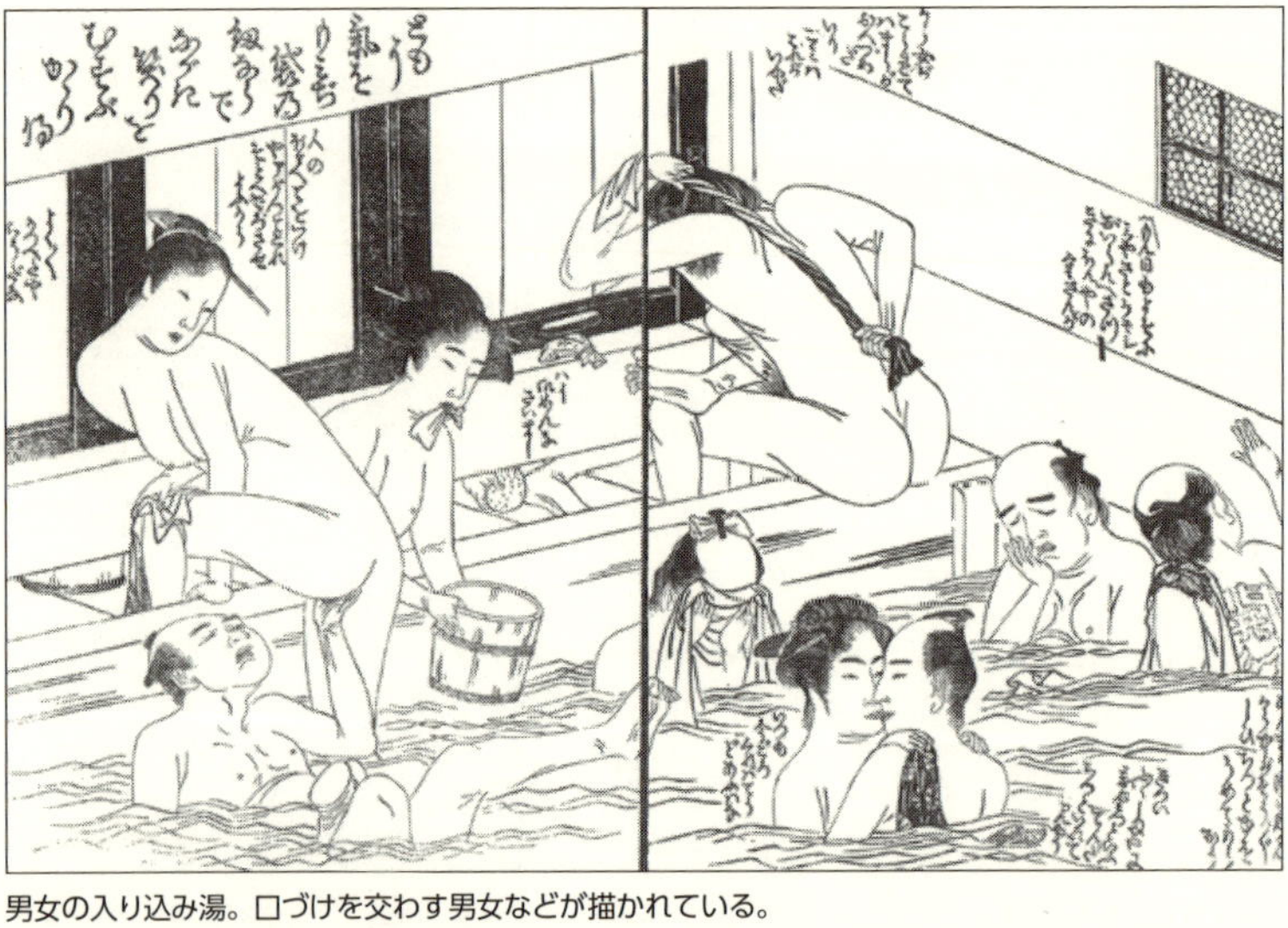

男女の入り込み湯。口づけを交わす男女などが描かれている。

（山東京伝『艶本枕言葉』、国立国会図書館所蔵）

に、老中松平定信《まつだいらさだのぶ》の寛政《かんせい》の改革の一端として、1791年に男女混浴禁止令を出した（「男女入込湯停止」）。しかし、それ以前に混浴であった銭湯をすぐに別浴にすることは、構造上無理なことであった。そのため時間を区切って入れ替え制にしたり、湯屋仲間（組合）でたがいに差し支えないように男風呂専用と女風呂専用に分けたりして営業した。男女ふたつの湯船をつくるのが難しい銭湯は、湯船中央に板を渡して分けるなどして工夫した。

しかし江戸時代の法令は「三日法度」といわれ、3日も経てば守られないといった具合で、ご多分に漏れず混浴禁止もなかなか徹底しなかった。水野忠邦《みずのただくに》の天保《てんぽう》の改革（1841～1843年）で、さらに厳しく混浴を禁止したものの、水野忠邦失脚後は、また元に戻ってしまったという。

また興味深いこととして、混浴の場において見合いもおこなわれていたようである。さらに基本的には自由恋愛の少なかった時代、銭湯は男女秘会の場所としても利用されていたという。

外国人から見た銭湯

『公衆浴場史』によると、室町時代の1430年に朝鮮国王が日本に派遣した使節の一行のなかに、朴瑞生《ぼくずいせい》という人物がいる。かれの帰国報告が『李朝実録《りちょうじつろく》』にのっている。そこでは、日本人が清潔を好む民族であり、大人も子どもも沐浴を好み、大きな家には湯殿があり、町なかには銭湯があり、沸けば角笛を吹いて町じゅうに知らせ、人々はお金を払って入浴すると記録し、朝鮮でも病院などの人の集まるところに浴場を設ける必要があると述べている。

実際には、かれの進言は採用されなかったようであるが、日本の家庭の湯殿や町なかの銭湯に注目したことは、とても興味深い点である。

また、1543年ごろより渡来しはじめた南蛮人（ポルトガル人、イスパニア人）や紅毛人《こうもうじん》（イギリス人、オランダ人）たちも、わが国の見聞について報告している。そこには、寺院の温室や大湯屋とともに銭湯の情景が詳述されたものが多い。これによると、日本人が家にいては常に入浴を好み、沿海航海中も船が入港すると碇泊の時間をみはからって町の銭湯に走って行く姿を見て、なるほど清潔を尊ぶ民族であると感心しているが、もう一方では混浴の風習のあることを異様に感じ、伝染病の心配、さらに性についても多少の不安を抱いている。しかし、銭湯に入浴する老若男女が、談笑しながらゆるゆるつかっている態を見て、大衆の楽天地であると評している。

鎖国をしていたとはいえ、江戸時代には、出島を筆頭に外国との交流が多かったのも事実である。1853年6月には、ペリーに率いられたアメリカ東印度艦隊が浦賀《うらが》に来航、その後下田《しもだ》、箱館《はこだて》（函館）にも寄航した。当時の様子をペリーはこう記録している。

「町内には、男女混浴の共同浴場があって、男も女も赤裸々の裸体をなんとも思はず、互《たがい》に入乱れて混浴して居るのを見るとこの町の住民の道徳心に疑《うたがい》を挟まざるを得ない。勿論之《これ》は日本全体に行なはれて居る事ではあるまい。現に左様ではないと云ふ事を日本人から聞いても居るが、下等社会の日本人は、他の東洋国民に比ぶれば、道徳が遥《はるか》に優れて居るにも係らず、確に淫蕩《いんとう》な人民である」『ペルリ提督日本遠征記』（鈴木周作《すずきしゅうさく》訳、1912年）。

幕末に来航したオランダ人医師ポンペは１８５７年からの約5年間、長崎の養生所で医学を教えていた間の記録を残している。当時の日本人庶民の入浴全般に関しての観察が詳しく紹介されているので、銭湯に直接関係のある部分のみを抜粋してみる。

「ほとんどの町に銭湯があって、大きな浴槽があり、浴槽には満々と熱い湯を湛えていて、誰でも二、三文の銅貨を払えばこれに入ることができる。この銭湯ではまことに不思議なことがたくさん見られる。すなわち浴場では男も女も子供もいっしょに同じ浴槽に入る。しかし少なくともなんらみっともないことは起さない。いや、はっきりいえば、入浴者は男女の性別の少しも気にしていないといってもよいようである。したがって入浴するものは一番後にならないように気をつけねばならぬ。なぜならば、遅れて行くと、さっぱり清

明治時代に活躍したフランスの風刺画家ジョルジュ・ビゴーが描いた日本素描集の１枚。銭湯で女性の背中を流す三助は、外国人から見ると大変衝撃的だったようだ。

（ジョルジュ・ビゴー『東京の芸者の一日』、国立国会図書館所蔵）

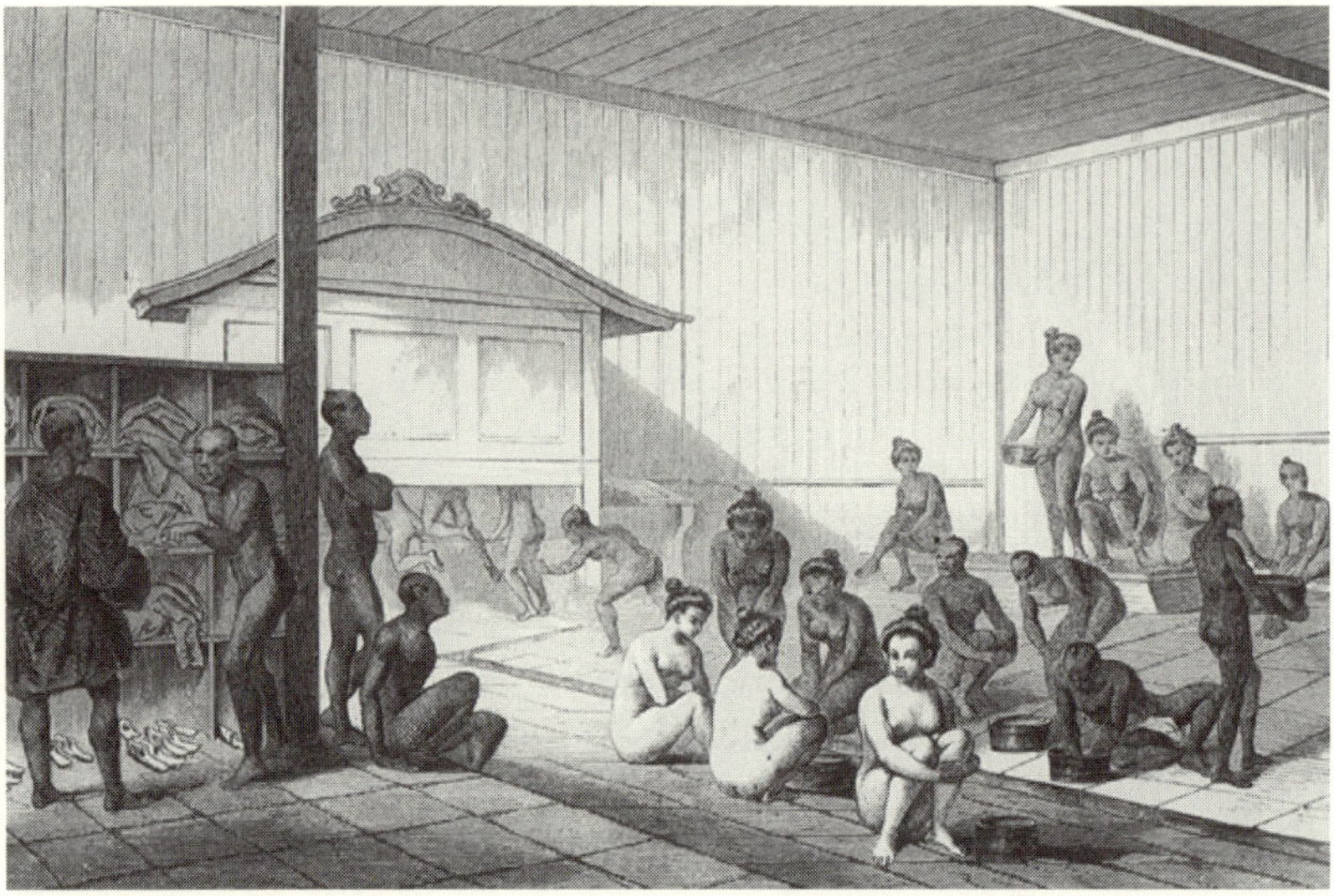

『ペルリ提督日本遠征記』に描かれた下田の共同浴場。ペリーは男女混浴にショックを受けたようだ。
(M・C・ペリー『ペルリ提督日本遠征記』、ハイネ画　同志社大学図書館所蔵)

潔になるどころか、胸が悪くなるくらい汚くなるからである。

　このほかに、まだきわめて不思議なことがある。それはひと風呂浴びたのち、男でも女でも素裸になったまま浴場から街路に出て、近いところならばそのまま自宅に帰ることもしばしばある。全身は赤くなって、身体からは玉のような汗が垂れている。けれども誰もそれを見ても気に止めている気配もない」『日本滞在見聞記』(沼田《ぬまた》次郎《じろう》・荒瀬《あらせ》進《すすむ》共訳、1968年。傍点は筆者による)。

　ポンペから見た銭湯の混浴に関する考察は、ペリーの遠征記の見方とはまた異なっている点が興味深い。

江戸銭湯の7つ道具

銭湯に持参するものも、時代とともに移り変わりがある。現代では、男性の場合、シャンプー・リンス・石鹸・シェービングクリーム・アフターシェーブローション等々だろうか。いろいろと道具を使うので、浴室のカラン（蛇口）の前にある部分も、幅が昔のそれより広くなっている。

では、江戸時代は何を持参したのだろうか。当時の浮世絵などを見ると、それがわかる。

まずは「手拭い」。語源は「てのごい」とか「たなごい」といわれている。本来はハレの日や神事に使用するものであったが、その後、意味合いやその長さが変わっていった。もともとは、長い布を用途に合わせて切って使用していたようだが、幕末になってほぼ現在の長さ、鯨尺《くじらじゃく》で二尺五寸（約95センチメートル）になったという。両端が切りっぱなしであるのはその名残りといえる。神事に使われていたために当初は白色であったが、江戸時代になり、玉絞りや藍染めなどの柄物も増えた。また、入浴以外に、はちまきやほっかぶりなどにも使用された。

次は「糠袋《ぬかぶくろ》」。現在の石鹸にあたるもので、男女ともに使用した。糠（玄米を精白する際に出る胚芽と種皮が混ざった粉）は、もち米のものがいちばん良いとされていた。糠は番台で売られていて、持参したり借りたりした袋に入れて使った。袋は茜木綿で赤色だったので、「紅葉袋《もみじぶくろ》」とも呼ばれた。「樹の枝に紅葉袋の烏瓜《からすうり》」とは、烏瓜の赤い実が樹間にある風景を紅葉

赤い実のなる烏瓜。

袋のようだと詠んだものである。糠のほかに、小豆や他の豆の粉を入れたこともあったようだ。「糠ぶくろ　二番煎じで　母洗い」というユーモラスな句もある。「手拭に　きん玉できて　うれしがり」という句もある。糠袋の代用として手拭いを使ったものが、自分のものを包んだほどの大きさになった、という意味である。

　さらに「うぐいすの糞」。これは、うぐいすの糞を乾燥させて粉末状にし、水にといて顔に塗り込む。そうすると肌がつるつるになる。「鳥の糞　顔のはたけの　こやしになり」。糠袋もうぐいすの糞も共に入手できるので、私も体験してみた。どちらも本当に肌がつるつるになった。

　また「へちま水」もかかせない。これは室町時代に中国から伝わってきたもので、

中央の女性が糠袋と見られるものを持って体を洗っている。

（鳥居清長『女湯図』）

へちまのツルを切って採取された養分を化粧水にしたもの。江戸時代にはすでに「美人水」といわれ、盛んに使用された。もちろん乾燥させたへちまも垢落としとして使用したので、当時へちまは重宝な植物だったといえるだろう。

そのほかに、「烏瓜」は、ひびやあかぎれの薬として使用された。また、その根からは、白粉《おしろい》の代用品ができたという。銭湯では、主に赤、黄色の烏瓜が使われた。入浴時は糠袋に入れ、糠と混ぜて使用した。

そして足の裏をこするのは現在でもよく使われている「軽石」だ。「軽石の　ふはりふはりと風呂のなか」などと詠まれた。

最後は「毛切り石」である。これは小さな丸い石をふたつ使い、石と石をこすり合わせて、毛を除去するものである。当時、男性はふんどしを使用していたため、布の脇から陰毛がはみ出すのを嫌ったことと、摩擦による毛切れを防ぐために使われていた。おもに男性が使用していたが、遊女たちもたしなみとして使っていたという。これも実際に私自身で体験してみたが、見事に切ることができた。

また、ひげなどは、二枚貝にはさんで、毛抜きのようにして使った。これらの道具は基本的には銭湯に備え付けられていた。そのほかの備え付け道具に、爪切りバサミや櫛があった。櫛には盗難防止のために天井から長い紐がつけられてぶらさがっていた。「ぶらぶらと　さていそがしい　湯屋の櫛」。現代銭湯の脱衣場にあるコイン式ヘアドライヤーを思わせる。

●風呂敷と銭湯

風呂敷の起源は、古くにさかのぼる。衣類などを包んで頭上に載せて運んでいる姿が、平安時代の『扇面古写経下絵《せんめんこしゃきょうしたえ》』に描かれている。南北朝時代になるとこういった包み布を「平包《ひらつつみ》」と呼んでいた記録が残っている。

南北朝時代に描かれた『是害房絵巻《ぜがいぼうえまき》』のなかには、日本の天狗が傷ついた是害房（唐の天狗）を風呂に入れている図がある。是害房は、天狗が持っている大きな布切れに包まれて湯船に入っている。これは肌が直接風呂桶にふれないように考え出されたもので、この布きれが、ここでは風呂敷という名で登場しているのが興味深い。

平包に新しい使い方が登場したのは、室町時代ではないかといわれている。将軍足利義満《あしかがよしみつ》が屋敷に大湯屋を設け、近所の大名たちをもてなした際、各自が湯に入る時、荷物をこの平包に包んでおいたという。他人と間違わぬようにと、それぞれの家紋が入っていて、湯から上がったあとはその平包の上で服を着るなど、とても機能

右から２番目の女性が、大きな布に荷物を包んで頭に載せている。
（『扇面古写経下絵』、国立国会図書館所蔵）

的に使用されていた。荷物を包む布であり、かつ風呂で使う敷き布というわけだ。

江戸時代に入り、銭湯が一般庶民に広まってくると、ますます風呂敷（風呂の敷物のような包み布）は便利なものへと変化していった。江戸時代の有名な小説『好色一代女《こうしょくいちだいおんな》』（井原西鶴《いはらさいかく》著、1686年）にも、ふたつの用途が紹介されている。ひとつは敷物として、もうひとつは「手づから風呂敷づつみを抱《だかえ》しが」とあるように、包むために使われたと推測される。

にぎわう男湯。右上の女性が風呂敷のようなものを手に持っている。
（式亭三馬『袖珍浮世風呂』、国立国会図書館所蔵）

前出の『公衆浴場史』によると、風呂敷の説明として、「銭湯や他家でのもらい湯に際し、入浴に必要な湯具すなわち手拭・豆類の粉・糠袋《ぬかぶくろ》・湯《ゆ》褌《ふんどし》などを包んで行き、浴室で脱いだ衣服などを、一時、これに包み、浴後には濡れた手拭、湯褌の類をこれに収めて帰る、四角形の布」と記述されている。江戸時代、京阪地方などでは、ほかのものを包む風呂敷と区別して、これを「湯風呂敷」と呼んでいた。

また、商業が発達したことにともない、風呂敷は多方面に使用されるようになっていった。商品を入れて売り歩く行商人だけでなく、お伊勢参りなどの旅人には、便利な鞄がわりに重宝がられていた。また、店の家紋、商標を柄にするなど、かっこうの宣伝媒体としても利用されていた。いわば現在の広告入りショッピングバッグといったところだ。このように銭湯で発生した風呂敷は、日常生活に便利な品物として常備され、現在に至っている。

●銭湯と湯屋株

さて、『慶長見聞集《けいちょうけんもんしゅう》』の記述にも見られるように（→P18）、銭瓶橋《ぜにがめばし》のほとりに江戸の銭湯第1号が1591年に開店したのち、街の発展とともに銭湯も増加した。

しかし、江戸は火事が多かった。雉子町《きじちょう》の名主だった斎藤月岑《さいとうげっしん》の記録『武江年表《ぶこう》』によると、1659年の正月から3月24日までに、105回も火事が起きたという。特に有名な「明暦《めいれき》の大火」（1957年）、別名「振袖火事」では、江戸

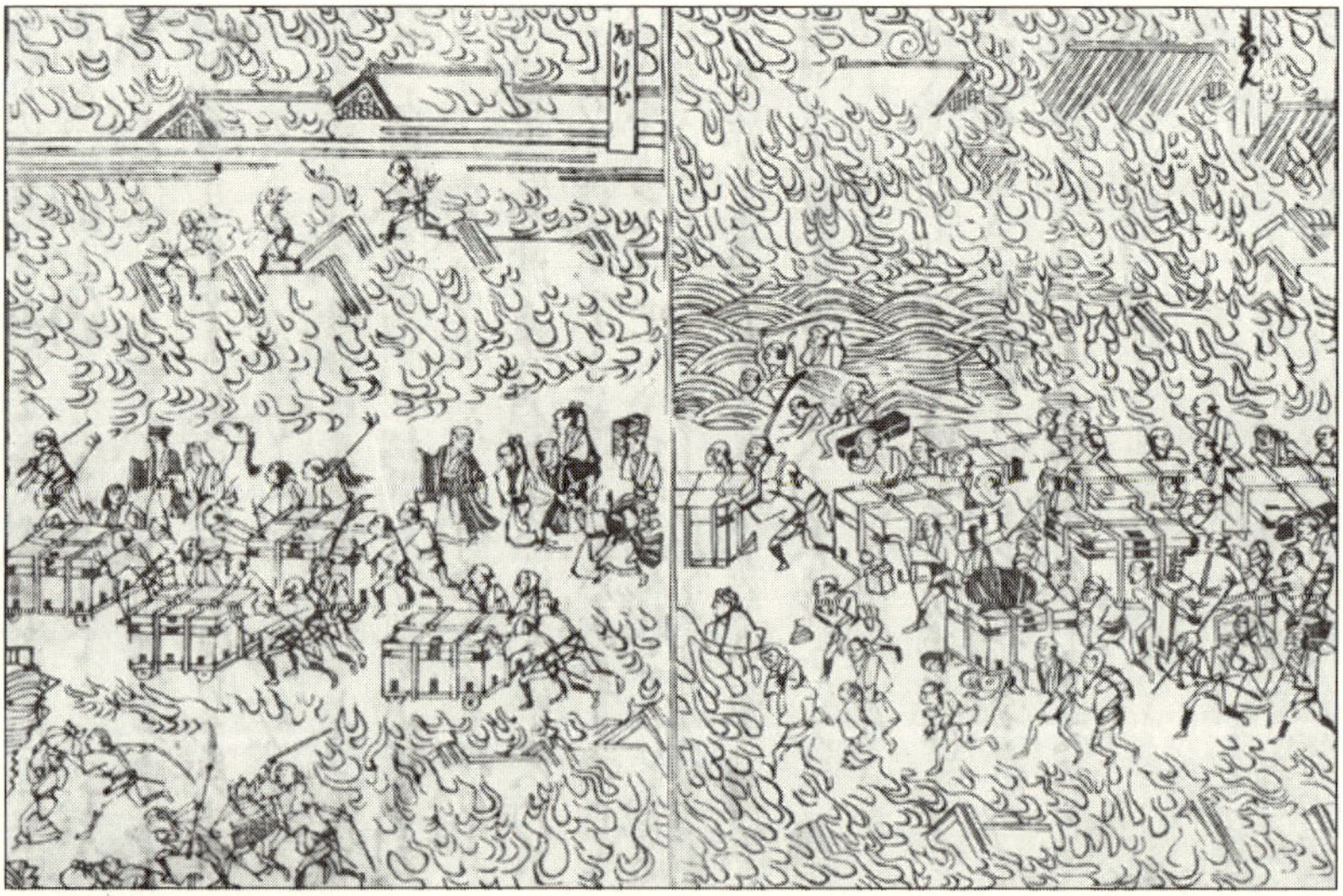

明暦の大火を描いた本の挿絵。

（浅井了意『むさしあぶみ』、国立国会図書館所蔵）

幕末の銭湯の女湯。子どもの姿もある。右手に描かれている男性は三助。
（豊原国周『肌競花の勝婦湯』、国立国会図書館所蔵）

城を含む市街地の大半が焼失した。そのような背景から、火を扱う銭湯は、火事の恐れから規制が強化されていった。したがって風の強い日は休みとされていた。

１８１０年、湯屋十組仲間組合成立時の江戸における銭湯の軒数は、５２３軒となっている。幕府は商工業者の権利を保護するために、それ以前からあった「座」に類するシステムとして、組合組織の「仲間」をつくった。そして仲間たちの持つ権利を「株」とし、それぞれ幕府の公認を得たのである。銭湯も同様、各自の営業と生活を守り、共存共栄を図った。これは、銭湯が商売として立派に成立していたことを物語っている。

『公衆浴場史』によると、当時、湯屋を新規開店する時は、町奉行所に願い出て、担当の与力《よりき》か同心《どうしん》が一応書類を検討し、その後、実際に見分することもあったという。この許可にあたっては、隣接湯屋との競争を避けるために町並の戸数を調べ、道路至便、使用水量、排水路、防火消火のことを十分に考慮していた。

幕府は銭湯開店に関して、無駄な争いを避けるために、銭湯の売買を禁じ、兄弟親戚だけに譲渡を許していた。これは江戸の人口増加のため、新たな銭湯の増設を図る手段でもあった。新規開店をするためには、他人の「湯屋株」、すなわち営業権を譲り受ける必要があった。一株が一千両以上したという。

その後、水野忠邦《みずのただくに》が天保《てんぽう》の改革において、独占組織である株仲間を解散させ、自由競争を進めた。その結果、湯屋仲間も解散となった。その後、水野忠邦が失脚すると、1851年、湯屋仲間は再結成された。

湯屋株を持っている人が「株主」で、株主の銭湯を借りて営業する人を「仕手方《してかた》」や「預かり」と呼んだ。この方式は現在でも残っていて、株主が数軒の銭湯を経営しているが、その権利を「預かり」に売却することも少なくはない。

銭湯雑学

東京郊外の銭湯

江戸時代、すでに江戸の町内には多くの銭湯があったが、郊外の人々は、かまどの上に鉄の釜をのせ、木の桶をすえた「五右衛門風呂」などを使用するか、行水程度だったかもしれない。

東京の郊外で銭湯が急激に増えたのは第二次世界大戦後のこと。昭和30～40年代にかけては、まだ内風呂のない家庭が多かったことにも起因する。

五右衛門風呂。
（十返舎一九『道中膝栗毛』、国立国会図書館所蔵）

東京郊外に多かった農家経営の銭湯。1965年ごろ。
（提供：飯高建設株式会社）

郊外に開店する銭湯の経営者には、その土地の農家が多かった。まず自分の畑に1軒銭湯を建てる、すると自然にその周辺に住宅が建つ、ということになり、いつのまにか銭湯を中心とした町が完成するのであった。

明治時代以降の銭湯

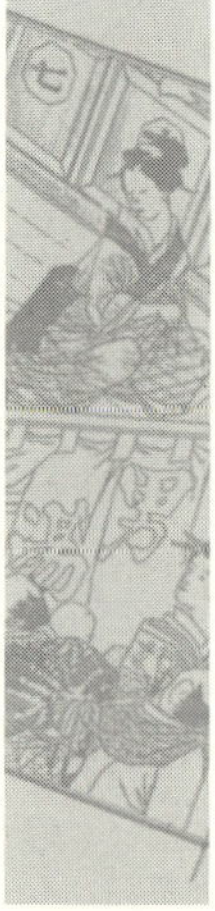

改良風呂の登場

明治時代に入ると人口が増え、銭湯の数もますます増えてきた。このころになると武家が新しい職業などを始め、なかには銭湯を経営した例もある。「稲川楼《いながわろう》」という屋号の銭湯はその一例で、創業１８６９年。東京神田《かんだ》の老舗銭湯だったが、１９９２年の3月16日にひっそりと閉店した。実はこの稲川楼の経営者は隣地にある「平和堂靴店」が経営していた。ご主人によると、江戸から明治になった時に、この地に屋敷をかまえていた佐宗《さそう》家（かつて小田原藩主だった稲葉家の江戸詰藩士）が、武士も職を失ったので何か新しい事業を模索し、西洋から伝わったばかりの靴の販売と、同時に当時増えつつあった銭湯を経営しようと開業したのがはじまりという。

幕末のころの江戸の銭湯軒数は５７０軒であったが、１８７０年には１３００軒にまで増えた。そして１８７２年、経営困難のため数が減り８００軒になる。

ちょうどこのころ、福沢諭吉《ふくざわゆきち》が現在の港区芝《しば》の三田《みた》通りで銭湯を経営していたことは、あまり知られていない。１８７４年に慶應義塾に入塾した岡本経明《おかもとつねあき》という人物の『百物語』という著書に「福沢諭吉と湯屋」と題する項がある。それによると、１９７８、７９年ごろ、三田の慶應義塾の真向かいに湯屋があり、そこの家主が福沢諭吉であったことが記されている。客の多くは、当然のことながら慶應の塾生だったという。

『福沢諭吉全集』では、「銭湯に入る者は、士族であろうが、平民であろうが、みんな等しく八文の湯銭を払い、身辺に一物なく丸裸である……銭湯の入浴には、なんら上下の区別なく平等であり、かってにはいっても、出ても自由である」といった福沢諭吉の考え方を紹介している。これこそ正に『学問のすゝめ』のごとく「天は人の上に人を造らず、人の下に人を造らず」という精神を示している。

明治の東京にまつわるエッセイがおさめられている『東京今昔帖』（木村荘八《きむらしょうはち》著、1953年）には、1897年ごろにも日本橋の「柳湯《やなぎゆ》」に柘榴口《ざくろぐち》（→P25）があったと記されているが、銭湯の構造も、時代とともに変化していった。明治30年前後の東京の風俗を記録した『東京風俗志』（平出鏗二郎《ひらでこうじろう》著、1899～1902年）によると、1877年ごろ、鶴沢紋左衛門なる人物が、全国各地の温泉地の浴槽からヒントを得て、神田区連雀町《れんじゃくちょう》（現在の千代田区神田須田町《かんだすだちょう》1丁目）に、従来と異なるかなり開放的な構造の銭湯を開店した。それは柘榴口をなくし、浴槽の床の高さを流し場と同じにし、浴室には湯気抜きの天井窓をつけ、洗い場を広くした、明るくかつ衛生的な銭湯だった。この銭湯は今までの銭湯に対して「改良風呂」とか「温泉式風呂」と呼ばれた。

ここに至って現在における銭湯の基本的構造が確立されたのである。

実はこの鶴沢紋左衛門は、なかなかのアイディアマンであったようだ。改良風呂を開店する1年前、散髪後の入浴客に限り、盗難防止のための脱衣入れ番号札を渡したという。これは、現在でいう「鍵つきロッカー」のようなものだったのだろう。

当時照明はランプ（のちにガス燈）、浴室は現在のようなタイル張りではなく、江戸時代と同様にすべて板張りだった。床が板張りの銭湯は戦前まではあったようで、大田区にあった「長原湯《ながはらゆ》」のご主人の長田氏によると、ササラと呼ばれる竹をたばねたもので床のヌメリを取るのだが、それがとても重労働であったという。浴槽には、ヒノキやヒバの木が使用された。

私が銭湯巡りを始めた１９８０年ごろは、明治時代末期建築の銭湯が数軒残っていたが、どれも浴室の床はタイル張りに変更されていた。

改良風呂の登場は、それ以降における銭湯様式に大きな影響を与えることになった。

改良風呂と見られる明治時代の銭湯。

（平出鏗二郎『東京風俗志 中』、国立国会図書館所蔵）

●混浴禁止への道のり

混浴については、外国人などから批判が多くなってきたこともあり、明治政府は１８６９年、東京府における混浴禁止令を出した。

話はそれるが、当時日本には公衆トイレというものがなく、黒船の乗務員の日記には、横浜あたりの立ち小便の多さが、驚きをもって紹介されている。このころの警察官のおもな任務は、放尿取り締まりであったという。

すなわち、混浴も立ち小便も、外国人から見れば驚くべきことだった。

しかし、長年の習慣もあり、混浴もなかなかなくならず、１８７１年、政府は再び「男女混浴、裸体往来の禁、湯屋入口、二階に暖簾の類を下げ、往来より見とおしを避けさす」とお触れを出した。しかしである。なんと翌年の１８７２年４月にも東京府は「男女入込洗場不相成候事」として混浴禁止令を出している。

１８７２年８月25日の『東京日日新聞』（のちの毎日新聞）の記事は、熱海《あたみ》の温泉が男女入り込み湯で外国人からクレームがついたと紹介している。

さらに、１８７２年11月10日の「公聞」（公示）には、「一、身体ニ刺繡ヲ写セシ者、一、男女入込ノ湯ヲ渡世スル者」等は罰金と記載されている。最終的に東京の銭湯から混浴が消えたのは、１８７９年10月３日、明治政府による「湯屋取締規則」が制定されてから、と考えるのが妥当のようである。

その後、1885年、当時、銭湯を管轄していた警視庁は規制を改正して、男女両浴槽を完全に区別するように改造すべきなど、風紀取り締まりを厳しくした。しかし地方においての混浴禁止はさらに遅れて、秋田県で混浴禁止令が出たのは1900年のことだったという。

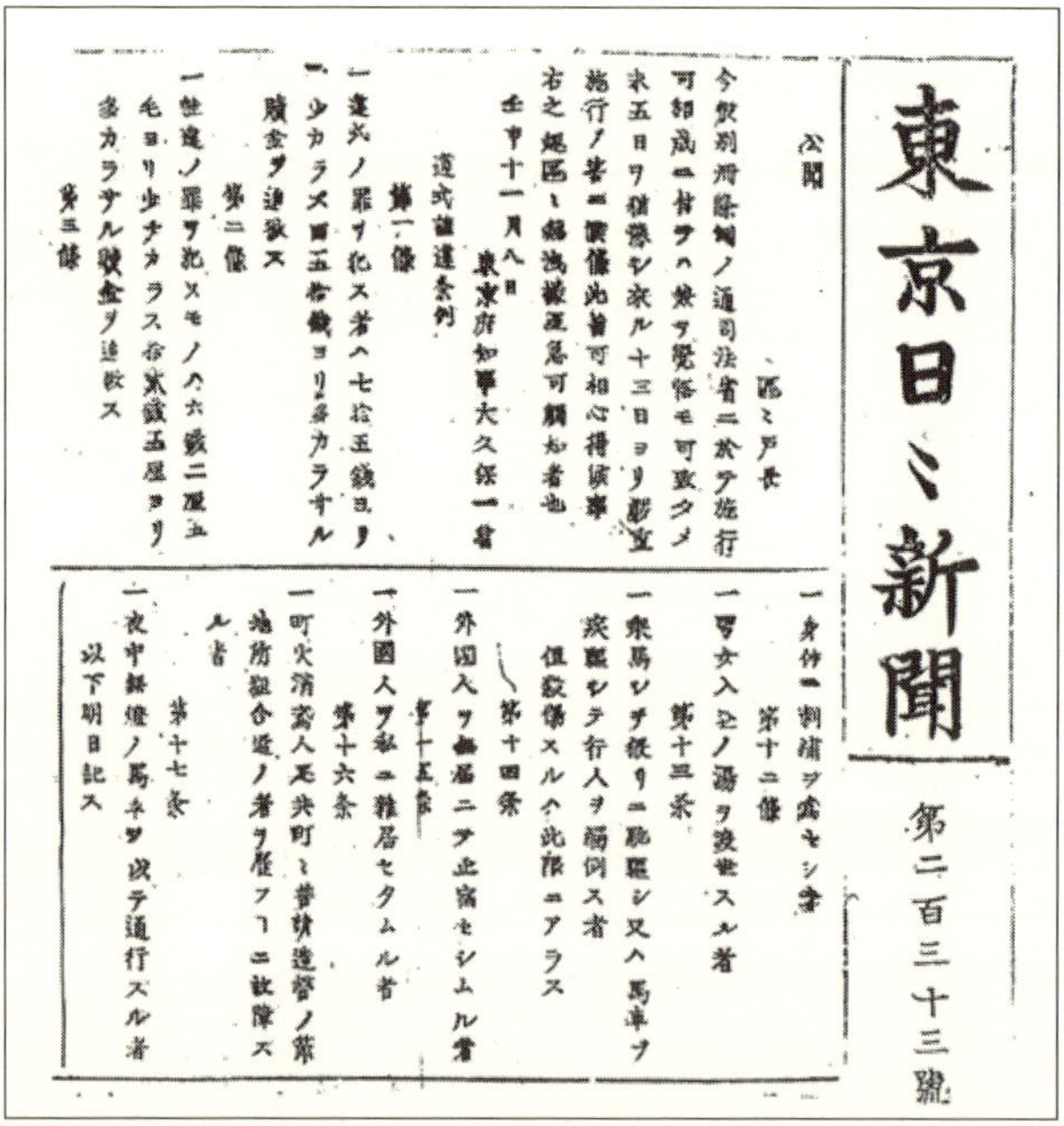

東京日々新聞

第二百三十三號

公聞

區々戸長

今般別冊違式詿違條例ノ通司法省ニ於テ施行可相成ニ付テハ兼テ覺悟モ可致タメ来五日ヲ猶豫シ来ル十三日ヨリ彰宣施行ノ筈ニ候條此旨可相心得候事

右之趣區々無洩樣早々可觸知者也

壬申十一月八日　東京府知事大久保一翁

違式詿違条例

第一條

一違式ノ罪ヲ犯ス者ハ七拾五錢ヨリ少カラズ百五拾錢ヨリ多カラサル贖金ヲ追徴ス

第二條

一詿違ノ罪ヲ犯スモノハ六錢二厘五毛ヨリ少ナカラス壹拾貳錢五厘ヨリ多カラサル贖金ヲ追徴ス

第三條

一身体ニ刺繍ヲ爲セシ者

第十二條

一男女入込ノ湯ヲ渡世スル者

第十三條

一乘馬ニテ猥リニ馳驅シ又ハ馬車ヲ疾驅シテ行人ヲ痛倒スル者

但殺傷スルハ此限ニアラス

第十四條

一外國人ヲ無届ニテ止宿セシムル者

第十五條

一外國人ヲ私ニ雜居セシムル者

第十六條

一町火消人足共町々ニ於テ消防組合並ノ者ヲ雇フ事ニ故障スル者

第十七條

一夜中無燈ノ馬車ヲ以テ通行スル者

以下明日記ス

明治時代初期の新聞には、新しい規制や法律の告示が多い。1872年11月10日の『東京日日新聞』に「一、男女入込ノ湯ヲ渡世スル者」は罰金とある。入れ墨（「身体ニ刺繍ヲ写セシ者」）が禁止されていることも興味深い。

●使用禁止となった銭湯の2階

江戸時代から利用されていた銭湯の2階も、先に述べたように、1881年、風紀上の問題で禁止された。

『風俗画報《ふうぞくがほう》』（1889～1916年に発刊された日本初のグラフィック雑誌。江戸から明治にかけての庶民の日常生活が紹介されている）には1881、82年ごろの東京のある銭湯の2階の様子が紹介されている。それを見ると、客は男性のみだが、客相手の女性の姿もあり、なかにはじゃれあっている様子も見られる。

さらに、当時の銭湯の様子が紹介されている。内容を要約してみよう。

構造――入口は六～九間位、男女の入口は別、窓も入口もすべて格子戸を立てている。入口の格子を開いてなかに入ると土間

明治初期の銭湯の２階の様子。中央に、１階と２階を結ぶ階段が見られる。
（『風俗画報』312 号、国立国会図書館所蔵）

があり、湯槽流しまでは板敷。2階へ登る梯子は、男湯と女湯の境にある。ただし、女湯から2階へ登ることはできない。2階はかなり広く、酒楼か妓屋のよう（傍点は筆者による）。

番台――梯子段の下は、板張りの羽目（しきい）で、男女湯の双方より見えないようになっている。梯子段の前には、番台が高くつくられている。湯屋の主人はこの上に座って男女の湯を監視し、客の出入りに留意する。梯子段の下に客用の下駄段があり、それと対向の羽目際に客用の衣類を脱いでおく棚がある。棚は尺五寸ほどに仕切って番号を記し、また塗行李も積んでいる。女湯も男湯と異なるところなし。

2階――梯子を登ると、2階番として、一段高いところに湯屋の主婦、または娘か女中頭がひとりいる。梯子の上り口のところに、茶釜・火ばち・茶碗・土瓶の茶道具を前に控えて座り、左右には台の上に菓子を置く。

茶酌女――3、4人から7、8人、島田髷《しまだまげ》の綺麗な首抱えて客の鼻毛を抜く。梅か牡丹か月花のような色っぽい女性が嬌声に客を迎え、客を送る。雪のような肌の女性もいる。雨になやめる風情のある女性もいる。甲乙つけがたい女性ばかりである。

この資料の特に興味深い点は、2階がこの時代にも使用されていて、美女によるサービス目あてに男性客がけっこう来ていることだ。江戸時代の湯女《ゆな》風呂の習慣がまだ残っていたと思われる。

いやはや当時の銭湯は男性にとっては実に楽しい場所であったことがよく理解できたが、全ての銭湯がこのようであったかは不明である。

●男女別浴になった銭湯

さて、1880、81年当時の、東京市深川《ふかがわ》の新温泉の様子を紹介した記事がある。幕末から明治にかけて発行された『風雅新誌《ふうがしんし》』という雑誌の第101号（1882年3月7日発行）から、一部を口語訳して紹介する。

「東京の銭湯は繁盛しており、その浴槽は縦横十尺強、深さ四尺余（縦横が約3メートル、深さ約1・2メートル）で十分に肩までつかり、流し場は二、三間（約4～6メートル）である。維新以来混浴の厳禁から、男女の槽を別にしてある。まず男湯の状況は、午前六、七時の間に、湯屋の屋根に湯のわいたことを知らせる旗をあげ、入口の戸を開くと、入浴客がきて、番台に湯銭八厘を投げ、衣服等を脱いで戸棚のなかにつっこみ、裸体となって流し場に行き、その溝で小便をするのが一般である」。

次に女湯の趣である。

「土間に下駄の音を立て、入って番台に湯銭をおき、知り合いの婦娘は互いに挨拶を交わし、おもむろに衣服類を解き、裸体となるまで時間を要し、流し場で立て膝して下湯を使い、互いに湯を汲んですすめるさまは、酒席の献盃《けんぱい》のようで、男湯のような歌声などはなく、ただ垢を流すばかりで、三合の小糠や鶏卵を使い、石鹸などは薄紙のようになるまで顔から脚の先までよくこすり流すが、その時間は約二時間で日が暮れてしまう。最後に白粉《おしろい》を塗り、鏡台の前で髪を整え、衣帯をつけ襟袖をただすと、くる時に較べて十倍も美しくなり、愛嬌も増して、姐御《あねご》も小町娘の美しさとなる。とにかく浴後の女人の姿には高師直《こうのもろなお》（人妻に恋をしたとされ自害した武将）でなくとも男の魂は奪われるものである」。

この時代も、男女の風呂の入り方は異なっていたようだ。

銭湯と警察の関係

現在、銭湯を管轄するのは、衛生面は保健所、料金などは生活文化局（東京都の場合）というように、いくつかに分かれている。しかしあまり知られていないが、戦前、銭湯はおもに警察の管轄下におかれていた。

明治時代、東京を例に挙げると、警視庁布達「湯屋取締規則」というものがあった。これが出た1879年は、国会開設を求める自由民権運動が活発になりはじめた年で、警察組織も確立された時代である。一部を紹介してみよう。

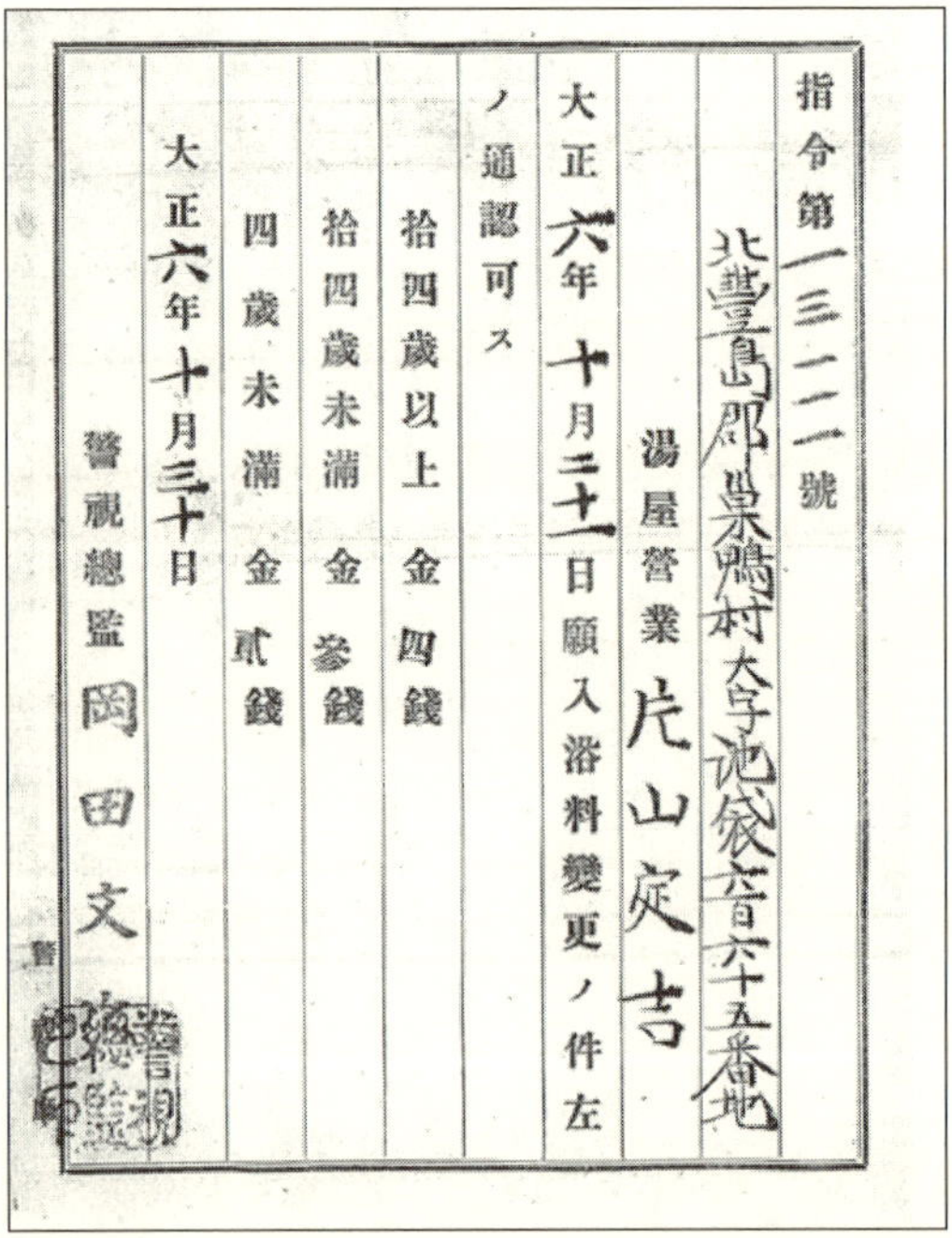
指令第一三二一號

北豊島郡巣鴨村大字池袋七百六十五番地

湯屋營業　片山定吉

大正六年十月二十一日願入浴料變更ノ件左ノ通認可ス

拾四歳以上　金四錢

拾四歳未滿　金參錢

四歳未滿　金貳錢

大正六年十月三十日

警視總監　岡田文

警視庁によって銭湯料金の変更が認可されたことを示す書類。1917年。

「火焚所の粗造なるものは改造修理繕の上、警視庁の検査。その他、銭湯間の距離、不詳者発見時はすみやかに所轄警察署へ届出る。灰置場の周り三尺以内に危険物は置かぬこと。廃業改名時は三日以内に届出ること（以下省略）」と、事細かに決めている。

その後、大正時代に入り、1917年の5月、東京府において「湯屋営業取締規則」（1900年に「湯屋取締規則」を改訂）の一部改正があり、入浴料は警視庁の許可制となった。これは、銭湯には不特定多数の人が出入りし、なおかつ火を扱うという点で、犯罪者が出入りしやすいことや、治安上の問題などから、全国的に警察が管轄するようになったためである。

銭湯の管轄が警察であったことは、伝染病予防法が制定された1897年、内務省衛生局下において警察が衛生に関する事務を執行していたことからもわかる。これは当時警察にあった「警察部衛生課」という部署に引き継がれたと思われる。

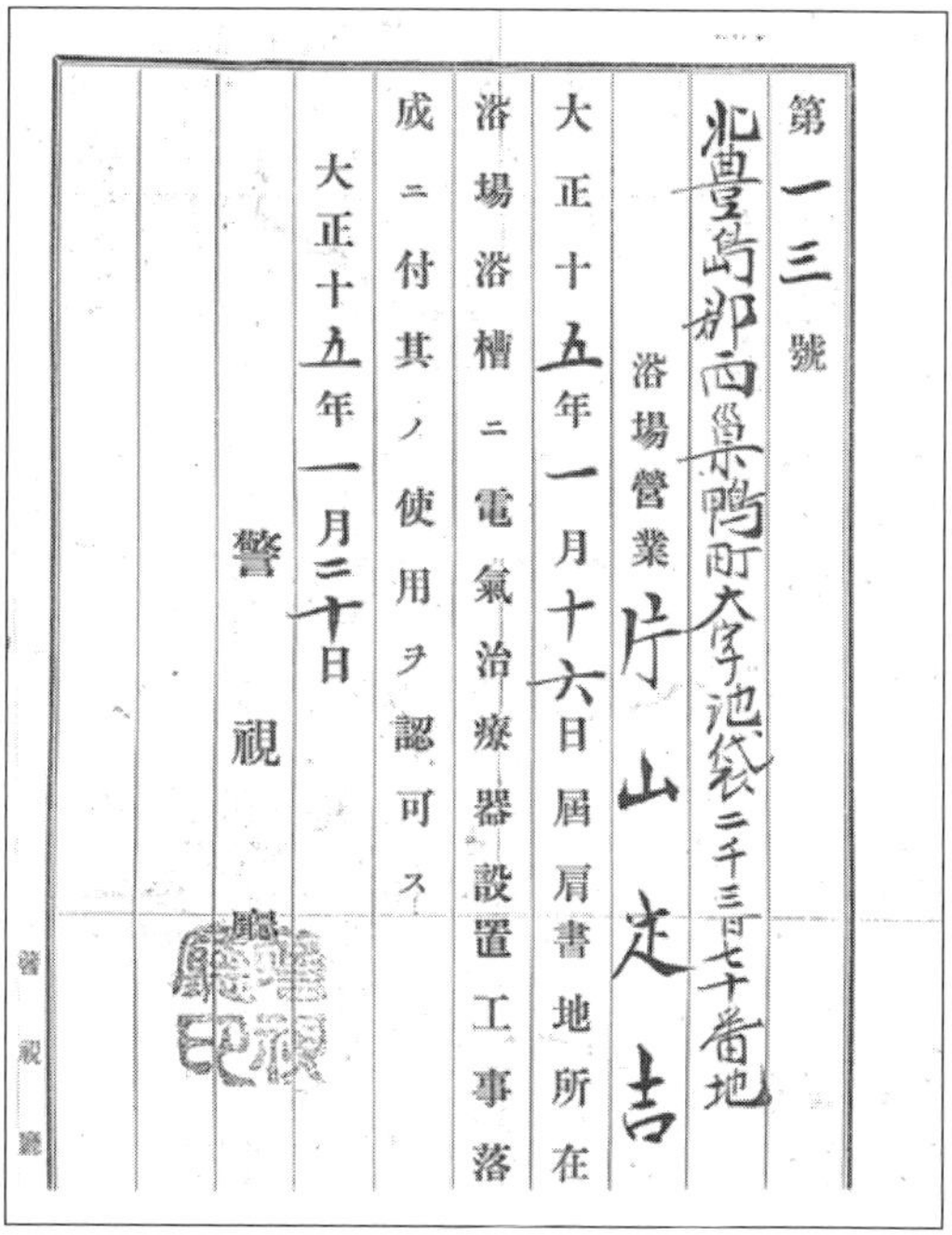
第一三號
北豊島郡西巣鴨町大字池袋二千三百七十番地
浴場營業　片山定吉
大正十五年一月十六日屆肩書地所在浴場浴槽ニ電氣治療器設置工事落成ニ付其ノ使用ヲ認可ス
大正十五年一月三十日
警視

電気治療器（電気風呂）の使用を許可する旨の書類。1926年。

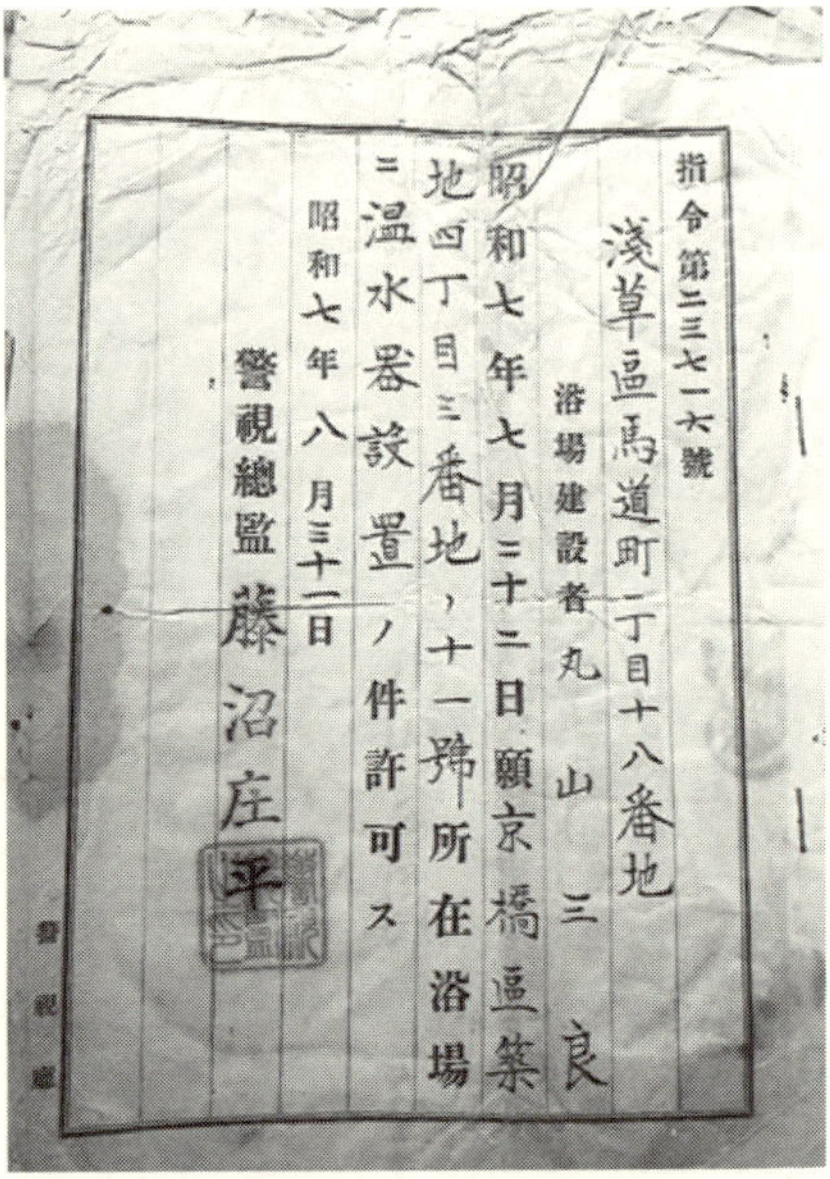
指令第二三七一六號
淺草區馬道町一丁目十八番地
浴場建設者 丸山三良
昭和七年七月二十二日願京橋區築地四丁目三番地ノ十一號所在浴場ニ温水器設置ノ件許可ス
昭和七年八月三十一日
警視總監 藤沼庄平

1932年の温水器設置に関する許可証。警視総監の印がある。


ちなみに、許可は銭湯における設備のあらゆるものに必要であった。ラジオ受信機に関してまでもそうだったという。

現在の銭湯は、東京都では「公衆浴場の設置場所の配置及び衛生措置等の基準に関する条例」に基づいて、管理されている。

衛生面の強化

銭湯の数が増えるにつれて、設備なども進歩してきた。

特に、それまでは高価なこともあってあまり使用されることのなかったタイルが使われるようになり、板張りの洗い場や木造の浴槽は消え、タイル張りの銭湯が明治時代末期から大正時代にかけて少しずつ増えていった。清潔で衛生的なタイルが重宝されたのだ。

大正時代初期の1915年に大阪で開催された「大阪衛生博覧会」では、タイル張りのトイレなどが展示された。また、衛生面において必要のあった遊郭では、早々にタイルが使用されたという。その背景には、当時、大阪府議会が「遊郭のトイレと消毒所はタイル張りにすること」と決議したことがある。これを発端として、全国の遊郭で使用されたのであった。

銭湯でタイル張りが広く普及したのは、１９２３年の関東大震災以降である。幕末に５７０軒だった東京の銭湯は１９０８年には１２１７軒まで増えていたが、関東大震災では９７０軒中６３０軒が焼失した。大震災後、タイルが広く使われるようになったのは、衛生面だけではなく防火の面からも適していた素材だったからである。

また、昭和初期になると、洗い場には水道式のカラン（蛇口）が取りつけられるようになってきた。しかしまもなく戦争が始まり、銭湯は苦境の時代を迎える。

タイル張りの浴室（東京都足立区・大黒湯→ P96）。

東京都台東区・廿世紀浴場（現在は廃業→ P118）のカラン。

タカラ湯番台日記

ここで東京下町の北千住《きたせんじゅ》にある「タカラ湯」に登場してもらおう。タカラ湯の先代ご主人、松本益平《まつもとますへい》さん（1921年10月生まれ・故人）は、荒川区の「宮地湯《みやちゆ》」（現在は廃業）の地主で、昭和のはじめの1927年にタカラ湯の経営を始めたという。タカラ湯は1938年に建て替えられ、現在の建物になった。

益平さんは戦前から終戦後まで、毎日「一行日記」を書いていて、そこには当時のタカラ湯に関するあらゆる出来事が記録されていた。その日記によると、1944年ごろから戦局が悪化し敗色が濃くなってきて、毎日のようにB29の空襲や戦闘機の飛来があった。銭湯の営業中にも空襲はあったが、「少々の空襲警報には客も慣

堂々とした表構えのタカラ湯。湯が「わいた」ことをあらわす「わ」の板がのれん右下にかけられている。

1938 年にタカラ湯が建て替えられた時の記念写真。従業員が多いことがわかる。チンドン屋も来ている。
(提供：タカラ湯)

れ、平気で湯につかっている人もいました」とある。

戦前から営業していたほかの銭湯のご主人からも同様の話を聞いている。もちろん空襲警報発令時には釜の火を消したり、照明に黒い布をかぶせたりはしたようだ。

この日記で私がいちばん注目したのは、終戦を迎えた8月15日以前の11日に、ご主人はすでに終戦を知っていたということである。11日の日記に、知り合いの毎日新聞社報道班員でタカラ湯の客であった木《き》村《むら》謙《けん》二《じ》記者より、近々終戦の日が来ることを聞いていたとある。タカラ湯は15日は営業を休んだものの、16日には再開している。

終戦直後のエピソードとしてこんな話もある。

「しばらくするとヤミで儲けた人たちが

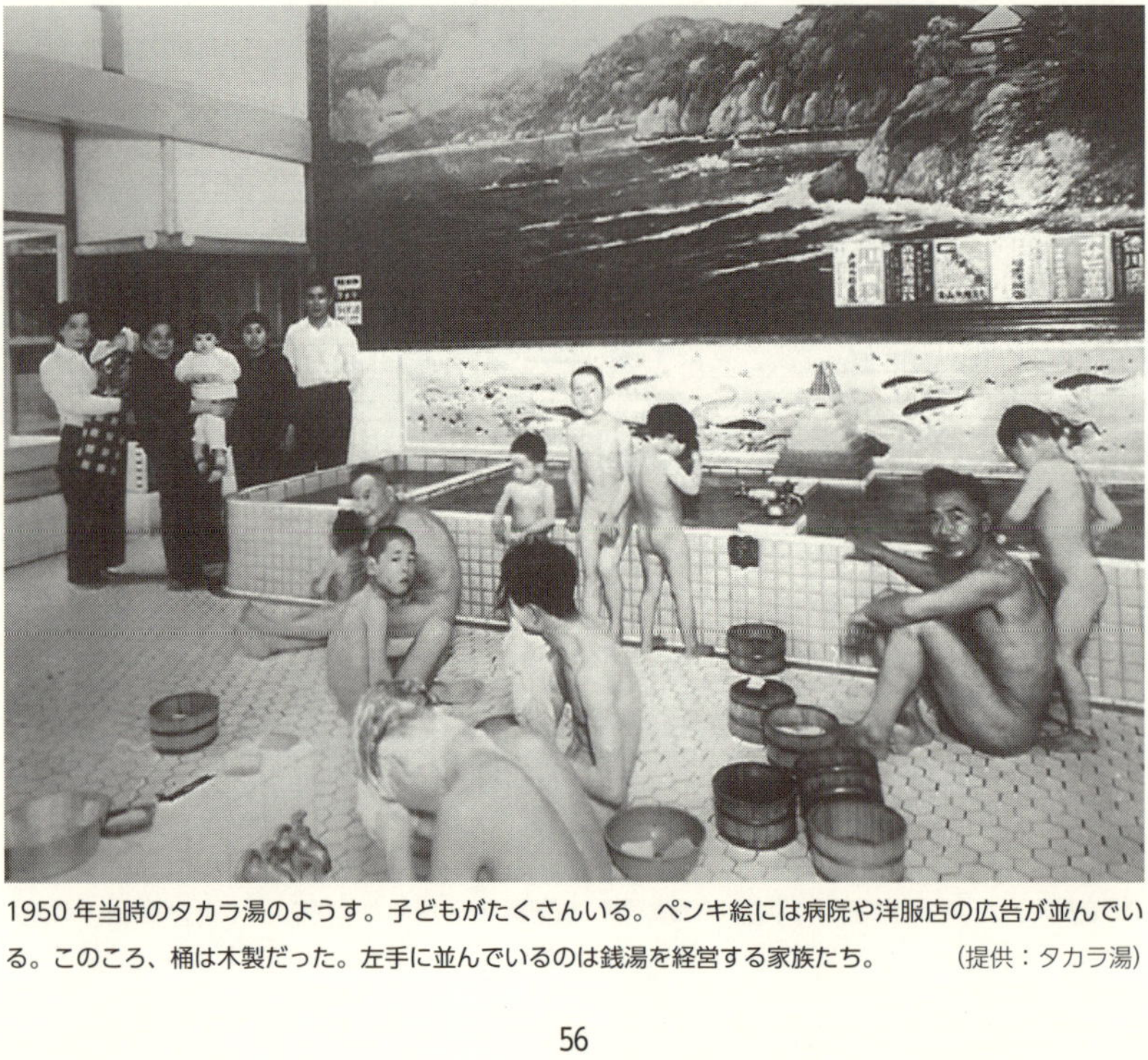

1950年当時のタカラ湯のようす。子どもがたくさんいる。ペンキ絵には病院や洋服店の広告が並んでいる。このころ、桶は木製だった。左手に並んでいるのは銭湯を経営する家族たち。　（提供：タカラ湯）

営業時間前に入りに来るんです。こうなると自由取り引きですね。ようするにヤミ風呂です。薬湯用の小さい浴槽にだけ湯を沸かして入れたもんです。1日の収入が400円ほどの時に、6人で100円持ってきましたから。そのうち警察に知れて、呼ばれたなんていうこともありましたよ」と、益平さんは笑って話してくれた。

なにしろ当時の客入りはすごく、日記によると、毎日1500人から2000人、大晦日などは3000人ほどの客で大にぎわい。客が多すぎて歩けないくらいだったようだ。

また、「塩湯」と呼ぶ、ニガリを入れた湯船があった。何年も湯の入れ替えをせずに、毎日マントのような布で濾して汚れを取り、湯を足して使用していたので、湯の

湯上がりには、縁側で風にあたりながら夕涼みをすることができる。

「ゆ」の文字と扇子が描かれたのれん。

色がアメ色になってしまい、底が見えない。入浴客の体からはがれた弘法様の膏薬（黒い貼り薬）が湯のなかに入っていたこともあった。塩分が強く、客の体が浮いてしまうので、つかまるための桟《さん》が付けられていたほど。少々の傷はすぐに治ってしまったという。

正月になると日本髪を結った若い女性などが来る。その湯に入る姿は、なんとも色っぽかったそうだ。

現在、「タカラ湯」は外観もそのままに営業している。昔同様、薬湯がよく温まると好評だという。また、「キング・オブ・縁側」と呼ばれている庭園は日本の銭湯のなかでもいちばんといえるくらい立派なもので、池には何十年も生きている大きな錦鯉が優雅にその銀鱗を輝かせている。

湯を出た後は、玄関入口上の畳1枚ほどもある七福神の飾り彫刻が見送ってくれる。この彫刻は、つくるのに小さな家が1軒建つほどの費用がかかったというもので、今でもタカラ湯の老舗の象徴となっている。

タカラ湯の庭園。一枚岩の石橋の下には池があり、鯉が優雅に泳いでいる。

玄関の真上にある巨大な七福神の飾り彫刻。柴又帝釈天を手がけた彫師の作品である。

●戦後から現在まで

戦時中の銭湯の営業は多難だった。空襲や燃料不足などで廃業する銭湯も多かった。終戦にあたる1945年8月15日のころには、都内の銭湯は400軒ほどにまで減ってしまっていたという。燃料不足を補うために、湯を沸かすのに電気を利用した時期もあった。

その後、昭和30年代（1955〜1964年）に入ると、銭湯の数は急激に増えていき、1958年には、都内の銭湯数は2352軒にまでなった。従業員は1軒平均男性1・66人、女性2・84人だったという記録がある。この時代は、1950年生まれの私がちょうど子どものころで、銭湯に行くと脱衣場には赤ん坊のおむつ替えなどをしてくれる若い女性従業員が何人かいた記憶がある。

昭和40年代前半（1965〜1970年）の高度経済成長期に入ると、各家庭に内風呂（家庭風呂）が普及してきた。1965年度における厚生省調べによると、内風呂のある家庭は全国平均67・8％となっていて、その後もこの率は高まってゆく。またこのころ、それまでの木造銭湯がビル型銭湯（→P171）としてリニューアルされることが多くなった（組合ではこれを下駄ばき浴場と呼んだ）。

1970年、TBS系でホームドラマ『時間ですよ』の放送が始まった。下町の銭湯「松《まつ》の湯《ゆ》」を舞台に、森光子《もりみつこ》扮する女将さんと、それをとりまく家族や従業員（堺正章《さかいまさあき》、浅田美代子《あさだみよこ》ら）の人情ドラマは好評を博し、シリーズ化された。「松の湯」の屋号を使用したのは、当時銭湯でいちばん多い屋号だったからだといわれている。

人気のテレビドラマになるほど身近にあった銭湯だが、東京を例にすると戦後は1968年の2687軒をピークに減りつづけ、2015年10月時点では都内で633軒と、最盛期の4分の1以下となった。全国では1968年の1万8325軒から、4000軒を切るまでに減ってしまったという。

しかし、現在ではこれまでとは趣向が変わって新しいスタイルの銭湯が登場しているのも事実だ。それらは代替わりした若い経営者のアイディアで、個性的な銭湯として多くの客を集め、連日にぎわっている。

これについては、5章で詳しく説明することとしよう。

東京都文京区にある「ふくの湯」は、和洋折衷の雰囲気が魅力の「ニュー銭湯」(→ P184)だ。

銭湯雑学

現存する明治時代の銭湯

「半《はん》田《だ》東《あづま》湯《ゆ》」は明治時代末期（1910年ごろ）に建てられた木造妻入りの銭湯。愛知県半田市亀崎《かめざき》町《ちょう》にて営業していた。明治建築を保存する施設「博物館 明治村」に復元された東湯は、外観は下見板張り、質素な造りは江戸時代と変わっていない。内部も古い様式をとどめていて、脱衣場、浴室ともに木造りだ（営業時には浴槽には古いタイルが使用されていた）。脱衣場と浴室は板間仕切りで男女が分かれているが、浴槽はひとつで、水面上を間仕切りで目隠しし、下の方でつながっている。混浴から別浴になるまでの過渡期の様式と思われる。

愛知県犬山市の博物館「明治村」に移築・復元された半田東湯。　（提供：博物館 明治村）

2 銭湯に見る地域性

地域による銭湯の違い

銭湯様式における地域性

全国各地に存在する銭湯だが、地域によってさまざまな違いがある。その違いは、地域の文化や人々の暮らしぶりの違いによるものともいえるだろう。銭湯はその土地の気候風土にあった様式となっていて、北海道・東北・関東・中部・関西・九州・沖縄地方に大きく分けられる。

北海道の銭湯は、歴史的背景から鑑みるに、内地から渡った人々が商売として始めたと考えてよいだろう。先住民のアイヌ民族には、基本的には内地のような入浴文化はなかったといわれている。

北海道の銭湯は、屋根に瓦を使用するこ

北海道の銭湯（帯広市・帯広湯、現在は廃業）。1927 年築。大理石や御影石を使用して建てられた。現在は廃業し、美術館として使用されている（イラストはすべて筆者作）。

とはほとんどなく、積もる雪がすべり落ちやすいようにトタン仕上げとなっている。玄関が二重構造になっていて、冷たい外気が脱衣場に直接入らないように工夫されている。主たる浴槽は、浴室の中央にある。古くから港町として栄えてきた函館《はこだて》などは、海外の文化の影響がいち早く伝わったために、早くから洋風の銭湯が登場していたようだ。

東北地方は、北海道と比べると、質素な造りが多い。様式はいろいろあるが、一般の家より小さい銭湯もよく見かける。

関東地方は東京に近づくほど、東京型銭湯の特徴である「唐破風《からはふ》」（→P135）のついた宮造り（→P130）が多くなってくる。また神奈川県あたりでは宮造りでも唐破風より千鳥破風が、屋根は瓦よりトタン葺きが

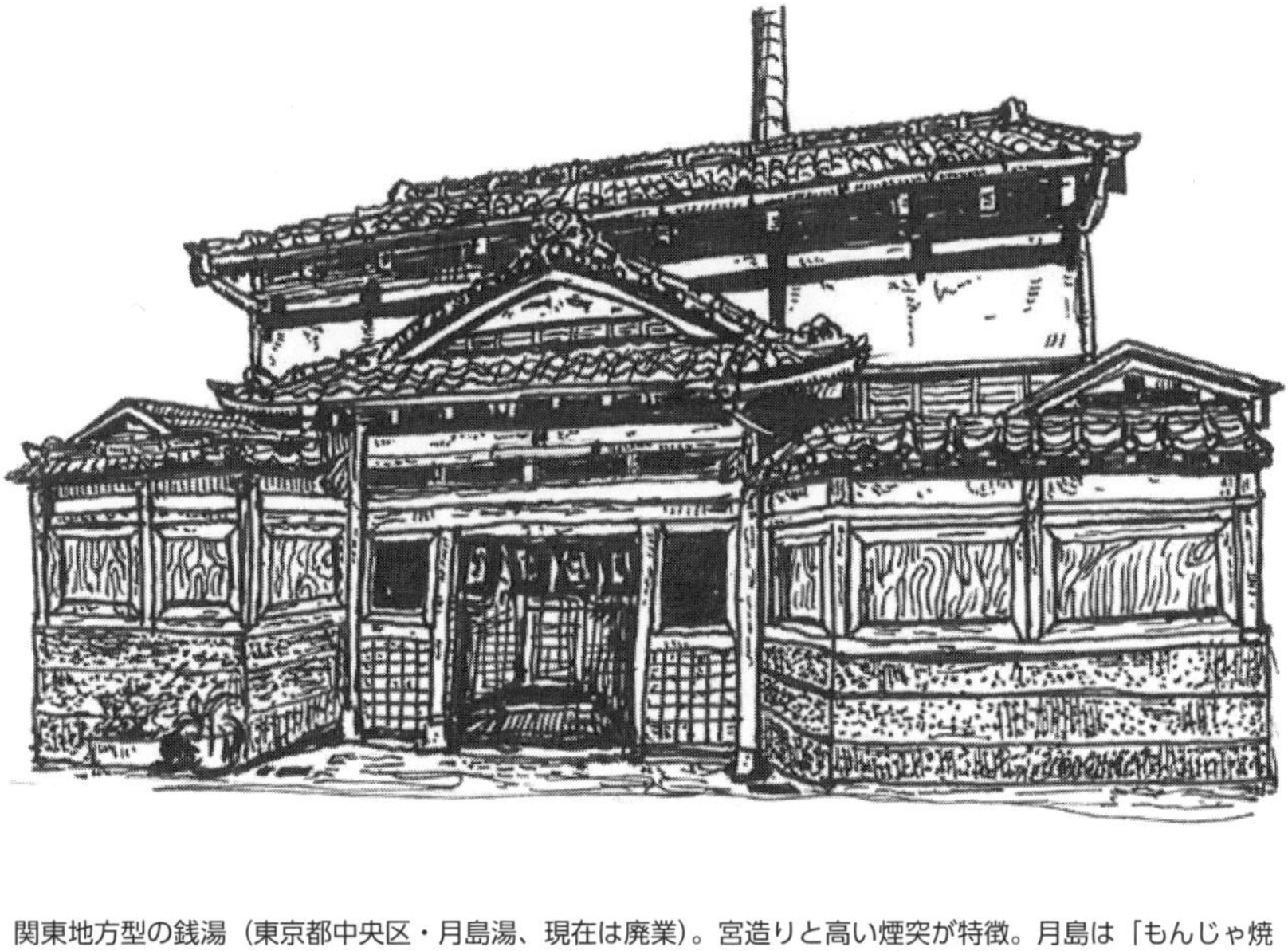

関東地方型の銭湯（東京都中央区・月島湯、現在は廃業）。宮造りと高い煙突が特徴。月島は「もんじゃ焼き」で有名な下町情緒あふれる町だが、最近は高層マンションも目立つ。

多くなってくる。ただ、ペンキ絵（→P138）やタイル絵（→P160）に関しては、都内とあまり変わらない。

中部地方は、基本的には地域特有の様式は定まっていないが、なかには戦前のモダンな洋風銭湯も散見される。

関西地方は、京都型と大阪型に大きく分けられる。

空襲を免れたこともあり、京都には木造の銭湯が残っている。建物の平側に出入り口を設ける「平入り」で、格子のついたものがいちばん多いようだ。のれんは、入口が半分隠れるほど長いものが多い。また、脱衣場と浴室のあいだにもうひとつ仕切られた空間があり、脱衣場から見える上の部分にタイル絵が飾られているところもある。脱衣場の床に籐《とう》を編み込んだものを使

中部地方の銭湯（愛知県名古屋市・三越湯）。現在は廃業し、居酒屋として再生した。JR 名古屋駅のすぐ近くにある。

用している銭湯が多いのも特徴だ（これは大阪も同様だが）。

大阪には、京都のような木造は少なく、コンクリート造りが多い。脱衣場に立派な神棚が多いのは、信心深い人が多いゆえだろう。御影石の産地が近かったこともあり、浴槽や床に御影石を使用しているところも多い。神戸《こうべ》あたりに行くと少々洋風様式が多くなり、「凸」のような形をした正面ファサードが目につく。

なお、関西の銭湯名には「温泉」とつくことが多いが、これらの多くは温泉ではない。東京では本当に温泉でなければ「温泉」という言葉は使用できないが、そこは浪花の銭湯。湯花を入れたり薬湯にしたりして温泉気分を味わってもらおうというサービス精神のあらわれかもしれない。

関西地方型の銭湯（愛媛県八幡浜市・清水湯、現在は廃業）。このように、浴槽が浴室の中心にあるタイプは、地方に多い。この浴槽の材質は人工大理石であった。

九州地方には、際だった特徴こそないが、北海道と同様、港町には豪華な銭湯が多い。

これは九州に限ったことではないが、漁村には銭湯が多い。20年ほど前に長崎の茂木港《もぎこう》に行った時のこと。わずか1キロメートルほどのあいだに、なんと4軒もの銭湯があった。1か所から3軒の銭湯が同時に見えたほどである。そんななかの1軒、「寺下湯《てらしたゆ》」の女将さんの中本《なかもと》ミキエさんによると、「このあたりでは銭湯が漁師さんたちの情報交換の場になっているんです」とのことであった。銭湯は漁で塩のついた体をきれいにするだけではなく、そのような重要な役目もになっていたのである。

最後は沖縄地方。昭和30年代（1955〜1964年）には県内に約300軒はあった銭湯も、今はわずか1軒になってしまった。私が銭湯巡りを始めたころには石垣島《いしがきじま》にも5軒あったのだから、急激に消えてしまったことになる。

沖縄の銭湯の特徴は、台風が多いので建物が堅固なコンクリートでできていることだ。ただし戦前は木造が多かったという。番台式ではなくフロント式で、フロントは入口玄関正面にある。脱衣場と浴室の仕切りはなく、一体となっている。窓は小さい。

沖縄市にある中乃湯《なかのゆ》（→P109）に初めて行った2001年当時の浴室の注意書きには、「湯池《ゆいけ》にタオルを入れないで下さい」とあった。浴槽に「池」という言葉を使用しているのは、中国大陸ではかつて銭湯を「池」と呼んでいたところからではないかという説がある。沖縄の銭湯文化は大陸の影響を受けているのかもしれない。

●銭湯の料金の謎

銭湯の料金が都道府県ごとに異なっていることを知っている人は、かなりの銭湯通である（72ページの表参照）。

銭湯料金は、現在日本で唯一、「物価統制令」という条例により定められている。物価統制令は、終戦直後、物価安定を目的にいろいろな商品を対象としたものだ。１９５２年までにはほぼ統制が撤廃されたが、銭湯の入浴料金のみ統制が残っているのだ。現在の銭湯料金は、各都道府県の審議会で決定される。東京では「東京都公衆浴場対策協議会」という委員会がそれにあたり、年１回、学識者、業界代表、利用者代表らで検討して料金を決めている。都内の銭湯50軒を調査対象とし、公認会計士が利益額を算出し、それを参考資料として値上げ額を決めるのだ。実は私は過去10年間、学識者として委員を担当していた。

この銭湯料金、かつてはどのような事情だったのだろう。さかのぼって歴史を見てみよう。

江戸時代、銭湯料金はお上によって決められていた。寛永元年から明和九年（１６２４～１７７２年）までの約１５０年間は、六文。安永、天明年間（１７７２～１７８９年）のころは、八文。寛政六年（１７９４年）に、十文になった。水野《みずの》忠邦《ただくに》の天保《てんぽう》の改革（１８４１～１８４３年）の時、再度六文となったが、その後すぐに八文に値上がりした。『浮世風呂』（↓Ｐ22）を参考に当時の物価を見てみると、かぼちゃ１個が三十五文というから、かぼちゃ１個分の代金で大人４人が入浴できたことになる。当時から入浴券のようなものもあった。木の札の定期券で

「羽書」と呼ばれていた。

また、正月、2月の初午、5月の節句などには、客が銭湯の主人にご祝儀の「おひねり」を包んでいた。金額は入浴料の1・5倍くらいだというから、現在の東京では、700円ほどになる。銭湯にご祝儀とは、なんとも粋な計らいである。

明治時代になると、東京の銭湯料金は浴場組合によって一律に定められるようになった。日本橋あたりの銭湯が二銭値上げをするといえば、山の手あたりの辺ぴなところの銭湯も、組合規則でいっしょに値上げしなければならなかったという。

当時、女湯では顔見知りに会うと互いに湯を汲み合う「お世辞湯」という習慣があり、湯が減るので銭湯側は禁止したものの一向になくならず、ついには値上げの原因になった、という話もあったようだ。

料金の一律が徹底されていたのは、組合の力が強力だったからだという理由もあるようだ。そのようなことを物語る銭湯経営者の話が新聞記事にあるので、一部紹介しよう。

「フロ屋というのは、いい商売だ。オレのとこみたいに、お客七、八〇〇の小さい家でも十分もうかる。フロ銭十五円で、もうからない、なんてウソだよ。もう二か月、十二円でやって来たが、組合からウルサクいって来る。オレはフロ屋はシロウトだ。何年もやっていてシロウトは変だと思うでしょうが、この商売では新潟、富山、石川の三県以外の人間はみんなシロウトです。この三県が、東京の浴場主の九割を占めている、と聞けばちょっとばかり驚きでしょうが。

〝越後のナントヤラ〟いまや花のお江戸をノシている図でさァ。これが団結心の強いこと、郷党の子弟にノレンを分けて、ガッチリ親分子分で固まっている。組合の幹部はみんな三県です。だからフロ銭も組合で十五円だといえば十五円。下手に下げようものなら、とんでもないカスを食う。ドテキン（土手金・組合の意見を聞かず値上げしない銭湯があった時、周りの銭湯が申し合わせてもっと安くし、その銭湯を廃業に追い込むこと）事件てえヤツをお話しましょう」（1955年6月3日、『朝日新聞』）。

ドテキンは何も料金に限ったことではない。テレビをいち早く脱衣場に置いた銭湯も、同様だ。組合から、テレビは置くなといわれて、しかたなく撤去せざるを得なかったという。

同じ新聞記事では「しかしフロ屋はもうかっている。みんなで熱海《あたみ》に行って、五万十万と札ビラを切る。オレのとこなどはつきあい切れない。……」ともあり、よっぽど儲かっていたようだ。

なお、組合の資料によると、1968年度における東京の銭湯の1日の入浴客の平均が約800人、2015年度はかなり減って、130人ほどだという。

新潟、富山、石川の北陸3県と銭湯の関係については、本章にて後述することとしよう。

都道府県別入浴料金表

2016年4月1日現在

地方	都道府県	施行年（月）	入浴料金（円）		
			大人	中人	小人
北海道	北海道	2014（8月）	440	140	70
東北	青森	2016（3月）	450	150	60
	岩手	2015（1月）	430	150	70
	宮城	2015（4月）	440	140	80
	秋田	2000（4月）	360	130	90
	山形	1995（3月）	300	120	80
	福島	2007（9月）	400	150	90
関東	茨城	1998（2月）	350	130	70
	栃木	2014（7月）	420	180	90
	群馬	2014（9月）	400	180	80
	埼玉	2014（10月）	430	180	70
	千葉	2014（4月）	430	170	70
	東京	2014（7月）	460	180	80
	神奈川	2014（9月）	470	200	100
中部	山梨	2009（2月）	400	170	70
	長野	2014（3月）	400	150	70
	新潟	2014（4月）	420	140	70
	富山	2014（4月）	420	130	60
	石川	2014（8月）	440	130	50
	福井	2014（11月）	430	150	60
	静岡	2014（4月）	400	160	80
	岐阜	2014（4月）	420	150	70
	愛知	2014（4月）	420	150	70

地方	都道府県	施行年（月）	入浴料金（円）		
			大人	中人	小人
近畿	三重	2014（11月）	400	150	70
	滋賀	2014（9月）	430	150	100
	京都	2014（8月）	430	150	60
	大阪	2014（4月）	440	150	60
	兵庫	2014（4月）	420	160	60
	奈良	2014（4月）	420	150	80
	和歌山	2009（2月）	420	140	80
中国	岡山	2015（11月）	420	160	70
	広島	2015（9月）	430	150	70
	山口	2015（4月）	420	150	80
	鳥取	2014（4月）	400	150	80
	島根	2005（9月）	350	130	70
四国	香川	2015（12月）	400	150	60
	愛媛	2014（9月）	400	150	60
	徳島	2014（12月）	400	150	70
	高知	2014（12月）	400	150	60
九州沖縄	福岡	2009（2月）	440	180	70
	佐賀	1996（2月）	280	130	80
	長崎	2007（3月）	350	150	80
	大分	2007（1月）	380	150	70
	熊本	2014（12月）	400	150	80
	宮崎	2008（2月）	350	130	60
	鹿児島	2012（10月）	390	150	80
	沖縄	2006（2月）	370	170	100

出典：浴場新聞（2016年4月1日）、各都道府県ホームページ

江戸・東京の入浴料金の移り変わり

	施行年 （月）	料金
江戸	幕末	8文
明治	1872	1銭5厘
	1882	1銭2厘
	1887	1銭3厘
	1896	2銭
	1902	2銭5厘
	1907	3銭
	1909	2銭
大正	1912	3銭
	1917 （9月）	4銭
	1920 （10月）	5銭
	1921 （11月）	6銭
	1922 （11月）	7銭
	1923 （8月）	6銭
	1926	5銭
昭和	1932	7銭
	1937 （8月）	6銭
	1943 （6月）	8銭
	1944 （8月）	12銭
	1945 （11月）	20銭

	施行年 （月）	料金
昭和	1946 （1月）	50銭
	1946 （8月）	70銭
	1946 （11月）	90銭
	1947 （1月）	1円
	1947 （9月）	3円
	1947 （10月）	4円
	1948 （3月）	6円
	1948 （8月）	10円
	1951 （10月）	12円
	1953 （2月）	15円
	1957 （11月）	16円
	1960 （7月）	17円
	1962 （1月）	19円
	1963 （9月）	23円
	1965 （6月）	28円
	1967 （12月）	32円
	1969 （3月）	35円
	1970 （5月）	38円
	1971 （5月）	40円
	1972 （5月）	48円

	施行年 （月）	料金
昭和	1973 （6月）	55円
	1974 （5月）	75円
	1975 （5月）	100円
	1976 （5月）	120円
	1977 （5月）	140円
	1978 （5月）	155円
	1979 （5月）	170円
	1979 （12月）	180円
	1980 （5月）	195円
	1981 （5月）	220円
	1982 （5月）	230円
	1983 （5月）	240円
	1984 （5月）	250円
	1985 （5月）	260円
	1987 （5月）	270円
	1988 （5月）	280円
平成	1989 （5月）	295円
	2015	460円

出典：全国浴場組合資料

東京の洗髪料金の移り変わり

	施行年 （月）	料金
昭和	1947 （3月）	1円
	1947 （7月）	2円
	1947 （9月）	2円
	1947 （10月）	4円
	1948 （3月）	6円

	施行年 （月）	料金
昭和	1948 （8月）	10円
	1951 （10月）	10円
	1953 （2月）	10円
	1957 （11月）	10円
	1960 （7月）	10円

	施行年 （月）	料金
昭和	1962 （1月）	10円
	1963 （9月）	10円
	1965 （6月）	5円
	1967 （12月）	5円
	1969 （3月）	5円

出典：全国浴場組合資料

●番台における地域性

「番台」とは、脱衣場において、入浴客から料金の徴収や石鹸等の販売をし、なおかつ「板の間稼ぎ」とよばれる他人の金品や着物などを盗む泥棒（昔は自分より良い服などを盗む窃盗犯がいた）を監視する重要な場所だ。さらにはその高い視線で浴室内に病人がいないかを見たり、客の多少による湯の補給を釜場に連絡したりする。そのほか客の貴重品を預かる等々、実に多忙となる場所である。

番台に上がると、下で見るよりかなり高い位置にあることが理解できる。そこはまるで旅客機のコックピットのようである。

オーソドックスな東京型番台（神奈川県横浜市・仲乃湯）。

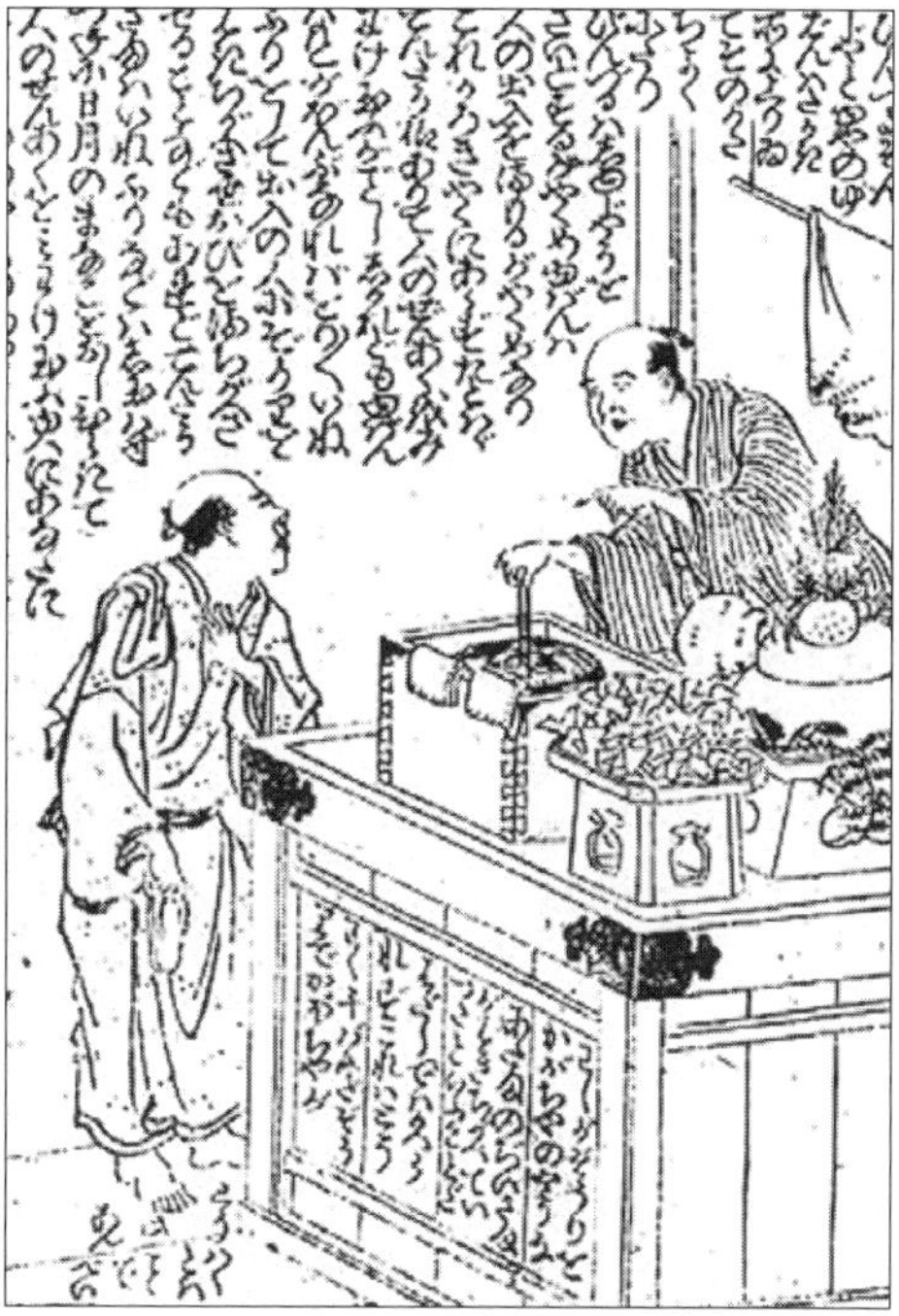

江戸時代の正月の番台。三宝にはおひねりが入っている。
（山東京伝『賢愚湊銭湯新話』、東京大学総合図書館所蔵）

ちなみに江戸時代の資料を見ても、すでに番台が登場している。番をする台なので「番台」と呼ぶ。江戸時代は「高座」とも呼ばれていたようである。

ところで、全国の銭湯を観察してきて、番台に関して気がついたことがある。

まず、その高さであるが、全国平均でいちばん高いのが東京を中心とする地域で、平均1・3メートル。他の地域はそれ以下の平均1メートルくらいが多い。

特に地方における番台は、東京のそれより多種多様の様式があるのも興味深い。例えば、番台の下が下足箱になっていたり、傘入れだったりすることもある。東京ではそのような番台を見たことがない。

さらに詳しく東京型番台を見てみると、戦前は、座る部分が畳で、足を入れるところはこたつのようになっていた。また、男女が見えぬように隠す部分の板に、雲形の飾り彫刻が入っていること

番台の目隠しにちょっとした意匠が施されている。

新潟県・新潟市の万代湯（現在は廃業）にあった番台。傘入れとしても使用できるようになっていた。

東京都・世田谷区の船橋湯（現在は廃業）の番台は、高さ約１メートルほどと、筆者の見た東京型のなかでもっとも低い。

もたまにある。
番台の木にはケヤキが使われることが多く、その厚さは５センチメートルほどもある。入浴料金の小銭を置く部分が、長い年月を経て小銭によってすりへっているような番台と出合い、時の流れを感じることも少なくない。

北海道・小樽市の稲穂湯（現在は廃業）の番台。下足箱と一体化しており、機能的だ。

銭湯と北陸の不思議な関係

同郷のきずなで発展

ここ三十数年間で、私は全国の銭湯を３０００軒以上訪ねた。そんななかで興味深い気付きがある。そのひとつが、東京や関西における銭湯経営者は、新潟・富山・石川県出身者が多く、先代までさかのぼると約９割がこの北陸３県の出身者になるということである。

なぜだろう。多くの銭湯のご主人にインタビューをしてわかったことは、みな、兄弟が多く、本人は次男三男だということであった。北陸３県は浄土真宗の影響が強い。浄土真宗の教えとして「分をわきまえ真面目に働く」ということがある。仏様を大切にして、守護・地頭には従順に、他宗派の悪口はいわず、一生懸命に働けば極楽浄土にいくことができる。また、極力間引き（貧困家庭が養育困難のため生まれたばかりの赤ん坊を殺すこと）をしなかったという背景も忘れてはならないだろう。

また、北陸という地の風土も関係していた。雪が多く、冬は仕事が少なくなるため、出稼ぎに出る人が多かった。

「二、三男以下を『コッパ（製材のくず）』と、田舎では昔言った。都会へ出て行くことを『旅に出る』とも言った。稼ぎ出す『富』のたかが知れていて、二、三男には生きていくための余地がなく、親は心ならずもコッパ呼ばわりを受け入れて、子供たちを旅に送り出したのである」（1991年1月6日、『北國新聞』）。

故郷での生活は厳しく、都会に出ざるを得なかったのである。しかし、小学校を卒業してまもない子どもを、なんのつてもなく都会に放り出すようなことは、親にとっても心苦しいことだ。そこで、すでに上京して銭湯などで成功している親類や同郷者を頼るということになった。経営者としても、現金商売である銭湯を見ず知らずの他人に任せるのも信用できないため、両者にとって都合が良かったといえる。

このようにして、東京の銭湯で働きはじめた北陸出身者が戦後たくさんいた。しかし、上京してからの仕事も厳しいものであった。上京早々、早朝から夜遅くまで働かされ、大八車で燃料にする廃材などを集める。下足番から始まって番頭になり、1軒の銭湯を借りる（「預かり」といった）。借金をしてその後買い取り、独立という流れが理想的であった。

経営の面で相談するのは、すでに成功していて、何軒か銭湯を経営している同郷者である。

銭湯には、地域の組合とは別の結びつきのある組織がある。それは同じ故郷の銭湯経営者である。かつて信用金庫もない時代、同郷による組織は、開業資金を融通したり、結婚の相談にのったりもした。現在でもこの組織には親戚同士が多い。現在ではあまり機能はしていないが、「無尽《むじん》」（仲間同士の積み立て金をくじなどで優先的に融通すること）も盛んだった。昭和30年代（1955～1964年）まで、ほとんどの銀行は銭湯に資金は貸さなかったという。

関西方面、特に京都あたりの銭湯では同郷の組織のほうが地元組合より強かったようである。それぞれ出身地ごとに名前をつけて結束力を誇示した（1991年度における京都府の銭湯380軒のうち約70％が石川県人会で占められていた）。

京都・大阪では、七尾《ななお》出身者の「富平会」、小松出身者の「白山会」、小松市佐美町《さみまち》の「北友会」、能登《のと》地区21グループの「大阪能登互助会」、加賀《かが》地区9グループの「加賀浴友会」などがあった（すべて石川県）。東京でも加賀地区の「東京一八会」をはじめ石川県の組織が大きく、そのほか富山県の「上市会」や「黒東会」などがあった。

銭湯はこれらの会での相互扶助のもと発展してきた。しかし、銭湯数の減少により、同郷の組織もかつてほどの結びつきはなくなってきているのが現状のようである。

●銭湯成功者

銭湯での下働きから財を成した人もある。「目黒雅叙園《めぐろがじょえん》」は東京都目黒区、行人坂《ぎょうにんざか》下にある、日本で最初に誕生した総合結婚式場である。江戸時代には富士見の茶屋や大円寺《だいえんじ》もあり、たいそうにぎわったという。

目黒雅叙園は1991年にそれまでの宮造りの豪華な建物から、ホテル・レストランなどの複合コミュニティ・スペースとして全面リニューアルしたが、内部にはかつての雅叙園時代の装飾を残し、鑑賞することができるようにしている。

目黒雅叙園は、現在は総合結婚式場としても有名だ（写真は旧本館の入口）。

　創業者の細川力蔵《ほそかわりきぞう》は、１８８９年、石川県七尾《ななお》の貧しい農家に生まれた。上京して銭湯に住み込み、下働きからコツコツと資金を貯めて、コークス業を始めた。コークス業で成功した資金をもとに、力蔵は芝浦《しばうら》の埋め立て地の管理や不動産業など多くの職業を経て財を成した。昭和のはじめの１９２８年に芝浦にあった自宅を改装し、当時ではめずらしい中国料理の料亭「芝浦雅叙園」を開店。この料亭時代に、彼は客室に飾る日本画を当時の著名な日本画家らに依頼している。

　芝浦雅叙園が好評だったこともあり、力蔵は、富士山などがよく見える高台に広大な土地を購入した。そして１９３１年、庶民の楽しめる、大規模な社交場的施設「目黒雅叙園」が開業した。

では、細川力蔵はいったい何をもって、これほどまでに豪華な施設を建てようと思ったのだろうか。もしかしたら、上京時に彼が銭湯で働いていたことに起因しているのではないかと私は考えている。かつての目黒雅叙園も東京型銭湯と同じ宮造りだ。力蔵は、入浴客が一日大名の気分を味わえる施設ということで、この目黒雅叙園に「百人風呂」をつくり、のちにさらに規模の大きな「千人風呂」までつくった。

豪華絢爛な目黒雅叙園は、昭和という時代に、まるで極楽浄土のような非日常空間を独自の美意識で演出したのである。そのユニークなアイディアは彼が銭湯時代に培った、「庶民に喜んでもらいたい」という願いからだったと推測する。当然のことながら、細川力蔵が東京で大成功をした、という話は故郷に知れわたった。ひとりの成功者が呼び水となり、その後石川県から多くの若者が、銭湯で一旗上げようと上京したのだった。

なお、目黒雅叙園近くには、私が銭湯巡りを始めたころ、「行人坂浴場」という銭湯があった。かつて経営者は細川由松《ほそかわよしまつ》という人物であったが、細川力蔵と関係があったかどうかは不明である。

3 全国名銭湯巡り

全国選りすぐり銭湯

　私が銭湯巡りを始めた１９８５年当時は、全国に一万数千軒の銭湯が営業していたが、現在は４０００軒を切ってしまったという。

　当時から数えるとすでに３０００軒以上の銭湯を訪ねてきたわけで、出合った銭湯の数だけ思い出もある、というものである。そんな多くの銭湯のなかでも特にお気に入りの銭湯がある。どれも個性的な銭湯ばかりだ。

　もちろんこれ以外にもたくさんあるが、紙幅の関係上ごく一部を紹介する。

　ただし、情報は２０１５年末時点のもの。営業中とある銭湯でも、訪れる際にはご自身で情報の確認をお願いされたい。

「北海道最古参の銭湯」
北海道小樽市・小町湯《こまちゆ》

ＪＲ南小樽の駅から信香町《のぶかちょう》方面へ少し歩いた交差点に「小町湯」と文字の入った煙突が見える。小町湯の下足箱は北海道の老舗銭湯に多かった形式で、番台の入口にある。番台の女将さんによると、創業は明治10年代（１８７７～１８８６年）と伝えられているとのこと。１９０５年に先代経営者より買い取り、現在に至っている。天井や柱に創業時の面影を残し、洋風のデザインが特徴となっている。

１９８３年に温泉が出たので、入口の上に「ラジューム自然温泉」の看板を出した。後年改装された浴槽は角に丸みのある四角であり、今では貴重な１９６３年ごろの「白色ケロリン桶」（↓巻頭ⅷ）が使用されていた。

かつては港湾労働者などで賑わい、また遊郭も近くにあったという。そんな歴史を思い起こしながら小町湯に入ると、味わい深いものがある。

下足箱は昔ながらの木製札の松竹錠。「雪やほこりをはらわないでください」とあるのが雪国北海道らしい。

小町湯の外観。屋号の下に「ラジューム自然温泉」と書かれている。

●「坂の上のモダン銭湯」
北海道函館《はこだて》市・大正湯《たいしょうゆ》

北海道函館、港町を走る路面電車にゴトゴトゆられて「函館どっく前」で下車し、さらに数分坂をのぼると、住宅地のなかに美しい淡いピンク色の洋館が建っている。

現在の建物は１９２７年に建てられた昭和初期ものだが、明治時代の雰囲気を伝える下見板張りのモダンな銭湯である。

ご主人の小武茂《こたけしげる》さん（故人）によると、戦時中に空襲を受けたものの、裏手にあった土蔵が防火壁の役目を果たし、火災から守ってくれたという。現在はピンク色の外観だが、調査のため表面をヤスリでこすってみたところ、白いペンキ塗りの時期もあったそうだ。

脱衣場もほぼ新築時の姿をとどめていて、楕円型の鏡がお洒落な雰囲気を醸し出している。

そんな大正ロマンの面影を宿す美しい銭湯は、若い女性客にも人気があるという。

外装がピンク色の銭湯というのもなかなかめずらしい（→口絵ⅱ）。

●「飛騨《ひだ》高山《たかやま》名銭湯巡り」
岐阜県高山市・鷹《たか》の湯《ゆ》／桃《もも》の湯《ゆ》

「飛騨の小京都」ともいわれたかつての城下町、高山。飛騨鉱山は、江戸時代には幕府の直轄領として栄え、今でもその面影を各所に色濃く残している。

高山の町中を流れる宮川《みやがわ》と平行した東側あたりに、古い町並みが残っている。そんな伝統のある町の銭湯には、当然のことながら趣もある。JR高山駅正面から伸びる道を山に向かって15分ほど歩いた一角の坂沿いにある小ぶりの銭湯が、「鷹の湯」である。この銭湯の2回目の改装時に、中《なか》島《じま》盛《もり》夫《お》絵師（↓P146）と私のふたりが呼ばれ、ペンキ絵を公開制作として描いた。

ペンキ絵はこの地方の銭湯にはないので、何か新しいユニークなことをしたい、というご主人の清《し》水《みず》裕《ひろ》登《と》さんの発案だった。

脱衣場も改装時にフロント式としたものの、ロッカーはレトロな以前のものを残した。中心のふた

鷹の湯の外観。

ギャラリースペースとしても活用されている鷹の湯のロッカー。

つ分をミニギャラリーとしてガラスケースのように使い、なかに季節感のある小物を置いている。このアイディアは好評だという。

浴室はアーチ型のシンプルな形で、湯気抜きと採光のための小さな窓がある。壁はシンプルなタイル張りで、もっとも人気のある西《にし》伊《い》豆《ず》の富士山のペンキ絵があり、心がなごむ。お湯は温まる炭酸温浴泉。弱酸性なので肌によいという。

さらに2階の大休憩室は、30畳ほどはある料亭風の部屋となっている。さすが創業150余年の銭湯である。

高山では、現在、6軒の銭湯が営業している。どれも趣のある銭湯だが、なかでも「桃の湯」はその外観からして、京都の町家風の格子が美しい銭湯である。

女将さんによると、昭和初期に近所の料亭を取り壊した時の材料を譲り受けて建てたものだという。浴室に、火山岩を利用した坪庭風のスペースもある。

鷹の湯も桃の湯も、ともに古い町並みがよく似合う銭湯である。

鷹の湯の浴室。ペンキ絵は中島盛夫絵師作だ。男女の浴室の境に置かれているのは、鷹の湯だけに鷹の置物だろう。

桃の湯は、格子のシルエットが美しく浮かび上がる夜の様子が特に趣深い。

●「機織《はたおり》の音が聞こえた」群馬県桐生市《きりゅう》・三吉湯《みよしゆ》

群馬県桐生市、渡良瀬川《わたらせがわ》に近い南部にある三吉湯は、屋根の上に三角がピョコンと乗っているファサードが目印である。写真には写っていないが、高さ20メートルほどはある土管を継いだ煙突がシンボルのように立っている。

ご主人の大石八郎《おおいしはちろう》さんによると、戦前から昭和30年代（1955〜1964年）ごろまでは、銭湯の前に機織工場があり、大勢の若い女工さんが毎晩入りに来たという。

銭湯の外観は昭和初期に流行したアール・デコ風で、下見板張りは明るいパステルグリーンに塗られている。大石さんの父親が大工だったこともあり、このような様式にしたとか。ご主人は「当時の最高の材料を使っているので丈夫なんです」と胸を張る。浴室のペンキ絵は、中島盛夫《なかじまもりお》絵師の作品だ。

三吉湯の特徴はまだある。脱衣場の半分ほどの広さを食事処「桐巨樹《きりのき》」としてオープン、オリジナルの「ウォークいーとソースカツ」が好評である。トンカツとおにぎりを合わせたようなもので、「歩きながら（walk）食べられる（eat）ソースカツ」というのがユニークな名前の由来のようだ。

1968年には桐生市内に35軒あった銭湯も、今は5軒ほどとなってしまった。

三吉湯の浴室。王道の富士山のペンキ絵は中島盛夫絵師作だ。営業前に撮影させていただいたので、湯船にふたがしてある。

食事処としても地元住民に親しまれている三吉湯。

●「江戸の伝統を守る熱湯」
東京都台東区《たいとう》・燕湯《つばめゆ》

早朝、東京の下町上野、旧黒門町《くろもんちょう》にある燕湯の前には6時の開店を待つ客が並ぶ。それが燕湯の日常の風景である。

今時めずらしい、毎日朝風呂を営業している銭湯で、電車、自転車、バイク、車などさまざまな手段ではるばる遠方からも客が来るという。

創業は明治時代。100年以上この朝風呂は続けられているという。

かつての朝風呂は愛好者らが貸し切りで入浴し、午前4時から5時の組と5時から6時の組に分かれていた。一般客は6時からだったという。

朝いちばんの湯は47度とかなりの高温で、この熱湯に入ると体がシャキッとする。湯上がり後の数時間は体がポカポカ、一度体験したらやみつきになる。

さらに浴室も見どころが多い。浴槽には富士山の岩を使用したという山（富士塚風）があしらわれている。女湯側の岩の一部には、子孫繁栄の縁起ものとして造られたと思われる「男根」も見ることができた。

番台では美人の女将さんが迎えてくれる。

燕湯。建物は国の登録有形文化財に指定されている。

「古き良き東京型銭湯」
東京都大田区・明神湯《みょうじんゆ》

東京都大田区の川沿いから、明神湯のシンボルの煙突が見える。ご主人の大島昇《おおしまのぼる》さんによると、屋号の「明神湯」は伊豆《いず》沖で明神礁が海底噴火した1925年に創業したからだという。

入浴の注意書きも創業当時のまま使用している。

明神湯は、戦後建てられた宮造り唐破風《からはふ》銭湯の定番の姿をほぼ完璧に残している、貴重な銭湯である。アルミサッシはほとんど使用されていない。番台、縁側、坪庭、モザイク画、富士山のペンキ絵があるのはもちろんのこと、燃料は薪、水は井戸水使用という徹底ぶり。今となっては贅沢な体験ができる銭湯だ。

王道の東京型銭湯の姿を残す明神湯。

「古いので維持費だけでも大変ですが、この銭湯が好きというお客さんが多く、がんばっています」というご主人の言葉からは、この仕事に対する思い入れが伝わってくる。番台に座る女将さんと世間話をするのも私の楽しみとなっている。

棟上式の際の記念写真。（提供：明神湯）

木のぬくもりを感じる番台周辺。

丸山清人絵師（→ P146）による富士山のペンキ絵（2005 年撮影）。

●「キング・オブ・銭湯」
東京都足立区《あだち》・大黒湯《だいこくゆ》

　東京型銭湯の頂点に君臨する、といっても過言ではない古い銭湯、大黒湯は、下町足立区の銭湯ゴールデン・トライアングル（北千住《きたせんじゅ》駅西側一帯には戦前築造のものを含むレトロな銭湯が残っているため、こう呼んでいる）にある。正面に立つと、その豪華さに圧倒される。正面の大きな唐破風《からはふ》部分の彫刻は鳳凰、さらにその下には大黒様。建物は1929年に建てられたもので、近年改装されたものの、その風格や存在感はゆるぎない。

　脱衣場の天井を見ると、100枚ほどの格子のマスひとつひとつに全

正面玄関は現在使われていない。写真には写っていないが、向かって右手側に入口がある。

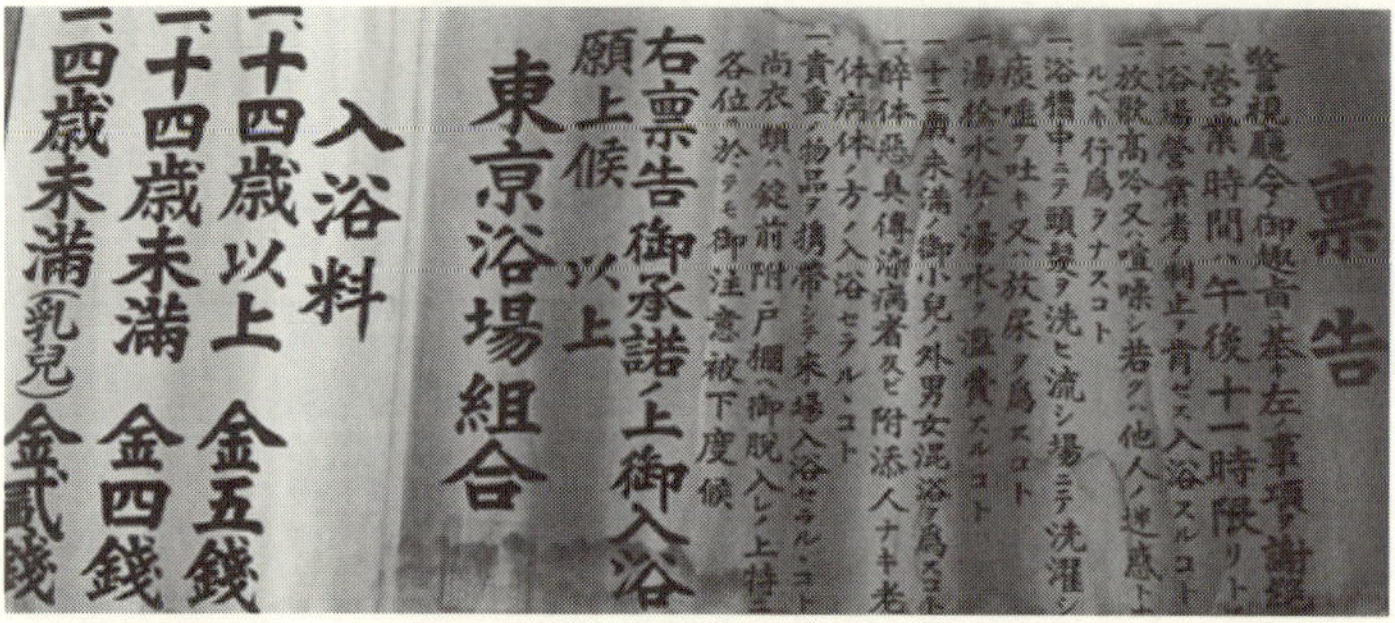

大黒湯が所蔵している、大正時代当時の注意書き。営業時間は午後11時まで、「高らかに歌う」などの迷惑行為の禁止ほか、注意事項が書かれている。

て異なる花鳥風月の日本画が描かれている。1957年に大黒湯へやってきた5代目ご主人、清水《しみず》久司《ひさし》さん（故人）によると、当時は敷地の一部に庭があり、富士山の形をした中ノ島や茶室風の東屋など、高級料亭と見分けがつかないほどの豪華な造りだったという。さらに浴室も見ものだ。まず目に入るのが正面の富士山のペンキ絵。現在日本にふたりしかいないペンキ絵師のひとり、中島《なかじま》盛夫《もりお》さんによるものである。男女の浴室の境にあるタイル絵は、木曽路が題材となっている。また露天風呂やサウナもあり、古い伝統を守りつつ、新しい設備も導入している。銭湯好きの人には、必ず一度は行ってほしい名銭湯である。

唐破風部分に見られる大黒様の彫刻。

四季折々の花鳥風月が描かれている天井。

中島盛夫絵師と筆者が 2015 年に共作したペンキ絵（飛行機の部分などを筆者が担当した）。

「関取らに愛された銭湯」
神奈川県横須賀《よこすか》市・当《あた》り湯《ゆ》

京浜急行、横須賀中央駅から歩いて20分ほど。小学校の前にその堂々たる姿で存在感を示している「当り湯」は、入口の玄関回りの造りからして魅力的だ。入母屋の屋根は銅葺で宮造り、周囲の塀も凝った造りとなっているのが印象的である。

女将さんによると、1927年ごろに建てられたという。脱衣場も当時の面影をとどめている。トイレのなかが一般的なものよりかなり広い。これは、かつて相撲巡行時に曙《あけぼの》・若乃花《わかのはな》・貴乃花《たかのはな》らが入浴に来たが、トイレが狭くて苦労していたので、改装して大きくしたからだそうだ。

浴室にある板張りに描かれた風景（男湯は山小屋、女湯は富士山）は神奈川地区の銭湯ペンキ絵を担当していた故・笹野《ささの》富輝《とみてる》さんの作。今となっては貴重なものとなっている。

いつも笑顔の女将さんと、つい長話となる、心地よい銭湯である。

男性側の浴室。さわやかな山の香りがしてきそうなペンキ絵。

当り湯の外観。のれんには「銭湯浪漫」の文字が書かれている。

●「京都錦小路にたたずむ銭湯」京都府京都市・錦湯《にしきゆ》

京都の台所として有名な錦小路アーケード脇を入ると、その木造3階建ての町家風銭湯が目に入る。

特注と思われる見事な絞り染めののれんに大きく「ゆ」の文字が白く浮き出ている。これを見ただけで、この銭湯がただものではないことがわかる。なかに入ると、脱衣場には今では貴重な柳行李《やなぎごうり》があり、使用者名が書かれているのが印象的だ。

衣類などを入れる柳行李。使ってみたくなるが、常連の客専用だ。

3代目のご主人長谷川《はせがわ》泰雄《やすお》さんによると、錦湯は1927年に建てられたもので、初代はもともと近所で八百屋を営んでいたという。

この銭湯のいちばんのポイントは、月に1回ほどいろいろなイベントが開催されていることだ。落語、コンサート、パフォーマンス、DJ、古本市等々。それらのイベントにご主人が出演することもあるほどの熱の入れようである。

どことなく懐かしさを感じるたたずまい。

●「京都雅の老舗銭湯」
京都府京都市・船岡《ふなおか》温泉

大阪の源ヶ橋《げんがはし》温泉（→P102）と並ぶ関西の名銭湯「船岡温泉」は、千本通《せんぼんどおり》から鞍馬口《くらまぐち》を東に入って約３００メートル行くとある。

外観はカーヴのある唐破風《からはふ》２階建てとなっていて、入口付近は近年改装された。門の両脇には高さ１メートルを超す大きな石柱が置かれている。立派な赤松もあり、さながら高級料亭といった印象を受ける。

ご主人の大野義男《おおのよしお》さんによると、創業は大正時代の１９２３年、戦前までは２階が料亭だったという。現在は改装されてフロント式となっているものの、脱衣場から浴室への通路はほぼ戦前の姿のまま残されている。脱衣場に入ってまず目に飛び込むのは天井の大きな飾り彫刻だ。題材は、牛若丸《うしわかまる》が弁慶《べんけい》に武術を習っているもので、派手な色使いが見た人の心に強く印象づける。

さらに男女の浴室の境には、上海事変時に敵陣を突破して自爆した「爆弾三勇士」や軍用犬の透かし彫りがある。その他の彫刻は京都三大祭（葵祭、祇園祭、時代祭）で埋めつくされている。

しかしこの銭湯の内装のすばらしさはこれだけではない。浴室に通ずるトンネルのような通路は、豪華できらびやかな「マジョリカタイル」（→P167）で囲まれている。通路は石橋の上にあるが、この石橋は１８９４年、京都に市電が開通した時に撤去された千本通の菊水橋《きくすいばし》を移築したものらしい。この雅な銭湯、海外からの客が増えていることもうなずける。

天井の飾り彫刻（見やすいように写真の向きを変えてある）。

銭湯界の重鎮といった印象を受ける入口。「船岡温泉」の文字が力強い。

池には長寿の象徴、蓑亀の石像がある。

●「浪花の名銭湯」

大阪府大阪市・源《げん》ヶ《が》橋《はし》温泉

銭湯を語る上で必ず紹介したい銭湯が数軒あるが、この「源ヶ橋温泉」もそんな銭湯のなかのひとつである。

まずその外観を見てほしい。正面全体のイメージは洋風様式で、屋根の上にはシャチホコが乗っている。

この様式は建築学的には「帝冠建築」といい、昭和初期に一時流行した。和風様式と洋風様式を合体させたもので、現存する建物では、東京の「九段《くだん》会館」や「東京国立博物館」が同系統の建築物といえる。

源ヶ橋温泉は1937年に建てられたもので、ご主人の中島弘《なかじまひろむ》さんによると、当時の金額で8万円を費やしたという。これは一般の銭湯の2倍以上の費用だそうだ。創業時は2

昭和の雰囲気漂う通りにある源ヶ橋温泉。

階がダンスホールや酒場などとして利用され、右手の専用階段がその面影を残している。

脱衣場も豪華で、天井はヨーロッパ風の格子となっている。また庭には大きな石灯籠もある。

浴室に入ってみると、中央に大きな浴槽があるが、これは御影石造り。奥にある浴槽には、石川県小松市産のオパール原石をふんだんに使用した「オパール風呂」がある。

源ヶ橋温泉の最大の特徴は、入口屋根上にある「自由の女神像」だろう。手に持っているトーチは温泉マークになっている。ご主人曰く「自由の女神はニューヨーク（入浴）にひっかけた洒落でしょう。第二次世界大戦中、戦局が悪化すると、敵国のシンボルなので憲兵が来て撤去しようとしたけれど、頑丈なのであきらめて帰ったというエピソードがあります」とのこと。

源ヶ橋温泉は、今でも堂々たる姿で客を迎えている。

戦争を乗り越え微笑み続ける自由の女神像。

●「スイスの風景が広がる銭湯」
奈良県奈良市・稲妻《いなづま》温泉

古都、奈良。JR奈良駅から近鉄奈良駅あたりには、銭湯が集中している。

この地域の銭湯の特徴は、間口が狭く奥に長い、ウナギの寝床のような構造だろう。外観はシンプルだが、内部は趣のある銭湯が多い。

そんな奈良の銭湯で、私の知る限りいちばん遅くまで営業しているのが「稲妻温泉」である（25時閉店）。外観は一見すると商店街のアーケード風。脱衣場は関西型銭湯の定番で、床が籐《とう》製となっている。

天井の扇風機が印象的な脱衣場。

浴室に入ると圧倒される。なぜならば、浴室奥の浴槽のほかに、入口近くに小判型の浴槽があるめずらしい構造となっているからだ。さらに正面にはスイスの風景と思われるモザイク画もあり、お洒落な浴室となっている。カランの数は17個と多い。

河瀬直美《かわせなおみ》監督の映画『火垂《ほたる》』のワンシーンもこの銭湯で撮影されたというだけあり、風情のある銭湯になっている。

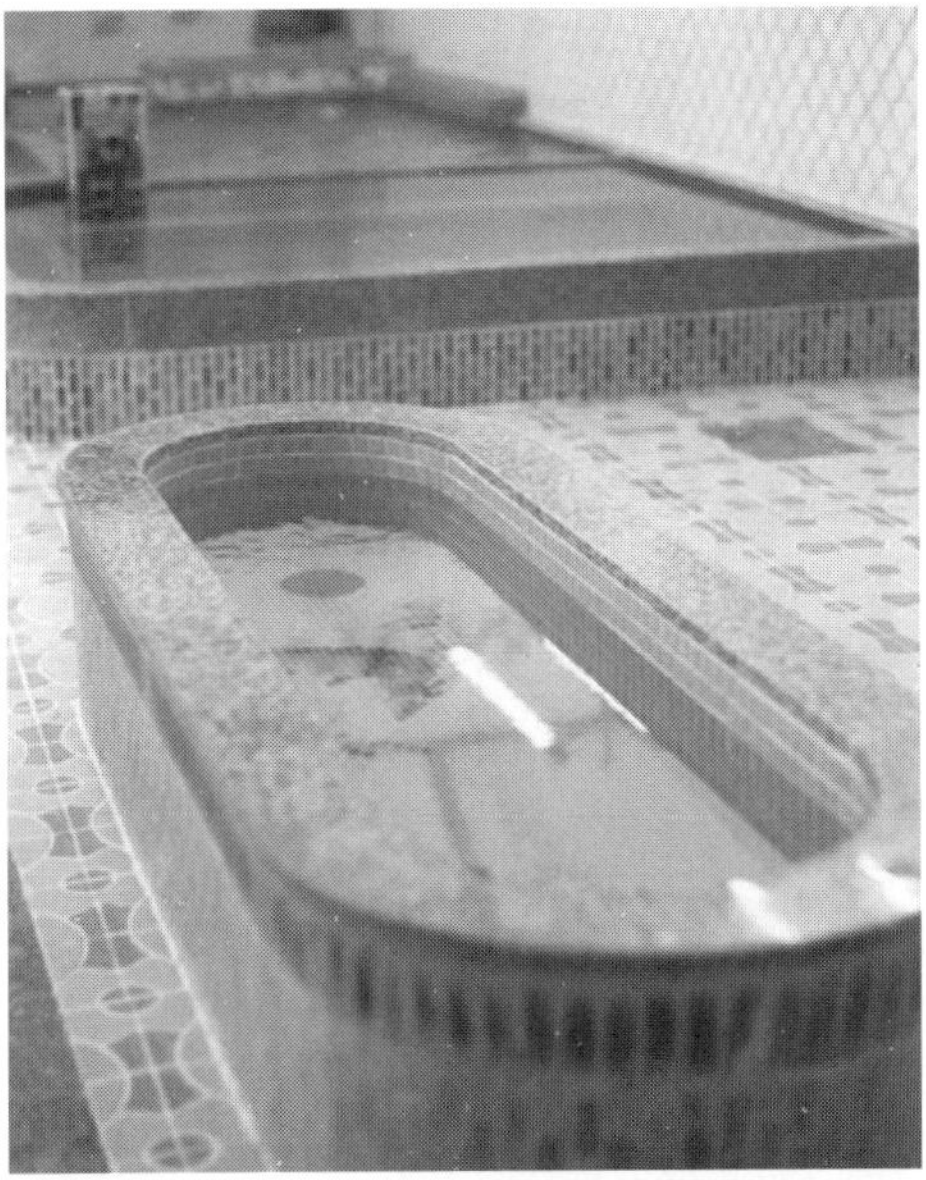

小判型の浴槽は小さめ。床や壁のタイルもお洒落で清潔感がある。

湖には鳥が泳ぎ、なんとものどかな風景のモザイク画だ。

●「モダン板張り銭湯」
愛媛県八幡浜市《やわたはまし》・大正湯《たいしょうゆ》

四国の西の玄関として発展してきた愛媛県八幡浜市は、温暖な気候で育ったミカンで有名である。明治時代より海運・紡績・鉱業などで栄えたことで人口も多く、銭湯は1965年ごろには9軒もあった。しかし現在は最後の1軒、「大正湯」が残るのみとなってしまった。

ご主人の山内實《やまうちみのる》さん（1939年生まれ）によると、建物は1915年ごろのものだという。外観は下見板張りの、銭湯らしくないモダン洋風様式だ。これだけでも魅力があるが、脱衣場もレトロな造り。戦前から使用されている古い体重計からは、オーラすら感じられる。しかし2015年9月にボイラーが故障してしまったために、一時休業していた。休業中、ご主人からは「2016年5月ごろ再開の予定ですから、是非また入りに来て下さい」と連絡があった。

八幡浜唯一の銭湯「大正湯」よ、いつまでも……。

末永く営業を続けてほしい銭湯のひとつだ。

「薩摩《さつま》藩主御用達の温泉」
鹿児島県指宿《いぶすき》市・二月田《にがつでん》温泉殿様湯《とのさまゆ》

鹿児島県の南、ＪＲ指宿枕崎《まくらざき》線の二月田駅下車徒歩で7分ほどのところに「二月田温泉殿様湯」がある。さすが温泉地鹿児島だ。１８３１年に薩摩藩主島津《しまづ》斉興《なりおき》が建てた別荘跡の一部が残っている。かつては三十余棟の館と趣向をこらした湯殿があった建物も、現在は十坪あまりの浴室周辺が残っているのみとなってしまったが、貴重な歴史的建造物ともいえる。

階段の一部に使われているタイルは、染付けの「本業敷瓦《ほんぎょうしきがわら》」というもので、幕末から明治初期にかけて製造されたものと思われる。文様からして転写技術の初期のタイルで、当時はかなり高価であった。

湯を適温にするため、湯元から4つの湯壺を次々と回るように建物の構造が工夫されている。

脇にある石碑には「足軽以下、是れより内に入る可からず」という注意書きが刻まれている。この裏手には地元の人が「殿さん湯」と呼んでいる現代版の殿様湯がある。無色透明無臭の天然温泉施設で、湯につかると、すっかりお殿様気分になれる。

殿様湯の外観。

殿様湯の浴室。

裏手に残されている江戸時代の風呂場の跡。

「沖縄最後のゆーふるやー」
沖縄県沖縄市・中乃湯《なかのゆ》

沖縄では銭湯のことを「ゆーふるやー」と呼ぶそうだ。私が銭湯巡りのために沖縄に行ったのは2001年のこと。最盛期の昭和30年代（1955～1964年）には300軒はあったというが、私が行った時には7軒のみが営業していて、2015年現在、「ゆーふるやー」はたった1軒となってしまった。

沖縄市内の路地に面した中乃湯は、女将の仲《なか》村《むら》シゲさんひとりで切り盛りをしている。沖縄の銭湯は少々ユニークだ。まず番台式ではなく、入口にあるフロントのような受付場所で料金を払う。脱衣場に入るとすぐ正面に浴室が見える。つまり、脱衣場と浴室の間に扉はなく、ひと続きになっているのだ。さらにカランは座ると頭の上あたりにきてしまう高さにあるの

浴室と脱衣場がひと続きになっている構造は、湯気が逃げてしまいそうだが、暖かい沖縄ならではの構造なのかもしれない。

とても親切にしていただいた中乃湯の女将さん。

で、立って使用する。鏡も完全に立たないと見えない。以前沖縄のほかの銭湯にも入ったがすべて、基本的には立って体を洗うようになっていた。

中乃湯のカランは一般家庭と同じ蛇口がふたつ。水と、沸騰しているのではないかと思うほどの熱湯だ。ふたつの蛇口にY字形のホースが付けられ、自分で好きな温度に調節して使用する。

中乃湯の湯は地下300メートルから汲み上げている天然アルカリ鉱泉だというから嬉しいではないか。お女将さん曰く「うちなーびけーん（沖縄ならでは）銭湯」という。

幻の銭湯

銭湯を35年も記録していれば当然のことなのかもしれないが、訪れたなかにはすでに姿を消した銭湯も多くある。そんななかで特に私の記憶に残る銭湯の何軒かを紹介してみよう。どれも長い歴史のなかで多くの人々に愛され、激動の日本を見続けてきた、歴史の証人のような銭湯だ。

「北の銭湯」北海道帯広《おびひろ》市・櫻湯《さくらゆ》

東京の銭湯巡りをして4年ほど経ち、４００軒ほどを訪ねてきたころ、仕事で北海道へ行くことになった。北国の銭湯にも入浴してみようということでまず帯広に行った。

そこで出合ったのがこの「櫻湯」だった。一見して銭湯と気がつかなかったものの、裏に少々頼りないような細い金属製の煙突があったのでようやくわかった。営業中突然訪ねたのにもかかわらず、ご主人の中谷義輝《なかたによしてる》さんは、私の手を引っぱって女性側のほうまで入って行き、「どうぞ自由に写して下さい」といってくれた。しかし女性客がいらっしゃったので、1枚パチリと写しただけで早々に失礼させていただいてしまった。そんなことも、今となっては良い思い出だ。

宮造り様式が一般的な東京型銭湯に比べ、個性的でモダンなデザインが特徴。さすがは北海道の銭湯といったところで、入口には寒さ除けのための独立した部屋がある。櫻湯は燃料に石炭を使用していた。

　中谷さんは１９３８年、設計者であり建て主だった先代から櫻湯を購入したという。

　後日縁があり、建て主の高嶋可一《たかしまよしかず》さんの娘、石井和子《いしいかずこ》さんからお手紙をいただいた。

　そこには、櫻湯は石井さんが3歳の時（１９３１年）に建てられたもので、建築には当時の金額で５０００円かかり、そのうちタイル代が２０００円を占めたということなどが書かれていた。毎朝6時から夜遅くまで営業していて、石井さんは友人らと一日に何回も入浴したという。2階が広いので

北の人々の営みを静かに見守ってきた櫻湯。

映画の上映会をしたりして、子どもたちのよい遊び場だったそうだ。冬は農家の娘さんらがアルバイトに来たり裁縫しにきたりと、人の出入りも多く活気があった。石井さんが小学生の時に、父が中谷さんに店を譲ったという。

そんな歴史を思い返しながら櫻湯を見る。半円形のファサードには漆喰コテ細工の植物と桜の花があしらわれ、右から左へ「櫻湯」と入っている。アーチ形の窓が、より一層この銭湯のモダンさを強く印象づけている。

●「鉱山に佇む」岐阜県飛騨《ひだ》市・高泉《こうせん》浴場

岐阜県の山間部、神岡。ここはノーベル賞で何かと話題になる実験施設「カミオカンデ」のある場所である。そんな山のなかの町に、奇妙に思えるまでにモダンな銭湯があった。

この「高泉浴場」を私が訪ねたのは1991年のことだった。当時のご主人の河上真男《かわかみまさお》さん（1919年生まれ）によると、1928年に建てられたそうだが、一見すると、とても銭湯には見えない。ドイツ表現派風様式だという。

「ここは今でも東洋一の亜鉛鉱山なんです。この銭湯が開業したころは今以上に景気が良くて、6人の仲間と出資して建てました」とのこと。真男さんの父親の時代、わざわざ金沢から職人を呼んで建てさせたという。

開業時は2階がビリヤード場だったが、戦後は一時期、洋裁学校として使用していたという。2階を見せてもらうと、教室だったころの痕跡が残っていて、華やかりし当時の様子が目に浮かんだ。

銭湯らしからぬ堅牢さを感じさせる外観。

番台付近はうってかわって親しみやすい雰囲気だ。

浴室。鏡に地元企業の「神岡牛乳」などの広告が出ている。

「大阪下町の優雅な銭湯」
大阪府大阪市・美章園《びしょうえん》温泉

その銭湯の名は「美章園温泉」。1933年に建てられた銭湯である。国の登録有形文化財であったが、残念なことに2008年、その姿を消してしまった。私にとっても思い出深い銭湯であった。

数回入浴し、廃業後の見学会にも参加した。すでに紹介した同じく大阪の「源《げん》ケ《が》橋《はし》温泉」(→P102)と肩を並べる豪華銭湯で、そのたたずまいは威風堂々としていた。

施主は上田《うえだ》徳次郎《とくじろう》という人物で、大工は富山県出身者だったという。

特徴はなんといっても玄関周りの部分だ。全体的にはシンプルだが、一部にさりげなくアカンサスの葉があり、外壁はスクラッチタイル仕上げ。バルコニーもついているので、よりいっそう優雅な印象を受ける。かつて2階はダンスホールなどとして利用されていたとのこと。豪華な照明器具にしても、何もかもが浮世離れしていた、夢のなかの世界のような銭湯だった。

東京の宮造り銭湯とは全く異なった外観。

浴室に設置されていた噴水型の彫刻。

洋風でかわいらしい照明器具。

銭湯雑学

「番台一筋60年」廿世紀《にじっせいき》浴場

東京都台東《たいとう》区の「廿世紀浴場」の番台で働いていた島崎《しまさき》ヤヘさん（故人・1909年生まれ・当時80歳）にお話をうかがう機会があった。

ヤヘさんは「昔のことでねえ、あまり覚えていませんが」と、番台に座りながらこの仕事に入った時のことを語ってくれた。ヤヘさんの出身地は富山県の滑川《なめりかわ》、やはり北陸3県のうちの1県である。実家は農家で、13歳の時に墨田区本所の「松《まつ》の湯《ゆ》」に奉公のため上京した。親元を離れてさびしいなんて思う暇もないくらい忙しく、右も左もわからないままひたすら働いたという。

朝7時から夜の閉店まで働きづめ、睡眠は4時間ほどだったという。休みは月に1回、浅草まで映画を見に行くのが唯一の楽しみだった。その後、銭湯のご主人の紹介で別の銭湯で働いていた男性と結婚。北千住《きたせんじゅ》や深川《ふかがわ》など数か所の銭湯を回って、

廿世紀浴場は、東京最後の本格的洋風様式であった。

廿世紀浴場へは1946年に移ってきた。自分で5代目の経営者になるという。1929年に建てられた廿世紀浴場は、空襲のなか奇跡的に焼け残っていた。

　外観は、宮造り銭湯が主流の時代に逆らうように洋風様式。オーナーには相当なこだわりがあったのだろう。男女の浴室の境の大きな鏡の上には、昭和20年代（1945〜1954年）の近所の時計店や電気店などの看板がそのまま残っていた（この看板は現在「江戸東京たてもの園」に保存されている）。

　屋号の由来は、経営者が代替わりしているためはっきりとはわかっていないが、創業が20世紀初頭であったことからとも推測されている。

　2007年12月31日、惜しまれつつその長い歴史を閉じた。

脱衣場。

浴室の照明。

番台からの眺め。

花街の銭湯を訪ねる

花街とは、すなわち、芸者さんのいる街で、かつての遊郭を指す。遊郭でにぎわった土地にある銭湯は、その背景からして多少一般住宅地の銭湯とは趣が異なる。
現在でもそんな街にあり営業している名銭湯を何軒か紹介してみよう。

愛知県豊橋市・桜湯（1927年築造、現在は廃業）にあった、日本髪の女性用の化粧室。

福岡県北九州市・梅の湯（現在は廃業）に残されている戦前の注意書き。写真では見えづらいが、「女髪洗　金六銭」とある。

「芸妓さんに愛された銭湯」

東京都中央区・世界湯《せかいゆ》

東京都中央区日本橋人形町《にほんばしにんぎょうちょう》には、江戸時代初期、遊郭があった。しかし1657年の大火事（明《めい》暦《れき》の大火）や、周囲の人口が増えたことなどから、遊郭は浅草《あさくさ》の吉原に移転した。人形町遊郭を元吉原、浅草を新吉原と呼ぶ。「世界湯」はそんな歴史のある地区の中心地あたりで営業している。路地のような脇道を入っていくと、一般銭湯とは異なる様式の独特の建物がある。全体が四角い建物で、入口が左右に分かれていて、一見すると銭湯とは気がつかない。

玄関を入り、松竹錠の下足箱に靴を入れて番台のある脱衣場へと入る。脱衣場は非常にシンプルで全て木造り、ピカピカにみがかれた床、大きな鏡、大きな「大入」の祝額が誇らしげだ。

脱衣場には懐かしの衣類かごがある。

一見銭湯に見えない世界湯の外観。

浴室も昔のままでシャワーがない。石鹸などを置く台には、幅が15センチメートルほどのモザイクタイルを使用している。今となっては貴重な存在だ。

昭和30年代（1955〜1964年）までは、連日多くの芸者さんらで賑わっていたという。世界湯のすぐ前で理髪業を営んでいた有《あり》田《た》芳《よし》男《お》さん（故人）は、郷土史研究家としてカメラで人形町界隈を記録していた。写真は1955年ごろ、銭湯前の理髪店の2階の窓から撮影したものだという。おそらく世界湯の前で楽しげに立ち話をしているのは芸者さんたちで、ひとっ風呂浴びてさっぱりしてから仕事に出るのであろう。カメラにまったく気がついていないため、自然な風景となっている。背景に山積みとなっているのは、燃料用の薪であると思われる。

昭和初期の都内には、花街が37か所ほどもあったという。

1955年ごろに撮影された世界湯前の様子。　（提供：有田芳男）

●「江戸っ子好みの銭湯」
東京都新宿《しんじゅく》区・熱海湯《あたみゆ》

神楽坂《かぐらざか》は、東京・新宿の早稲田《わせだ》通りの大久保《おおくぼ》通り交差点から外堀《そとぼり》通りまでの坂である。江戸時代より栄えてきた地区でもあり、通り沿いには赤城《あかぎ》神社や毘沙門天《びしゃもんてん》もある。明治時代には花街として最盛期には700人ほどの芸者さんが在籍するまでに発展したが、戦後の高度経済成長期以降の再開発などでその数は減少した。しかし現在でも検番（見番とも。芸者さんが所属する事務所のようなところ。料亭への派遣、料金の精算などをおこなう。舞台があり練習や発表の場でもある）が残っていて、30人ほどの芸者さんが在籍している。

熱海湯の外観。すぐ隣にコインランドリーもあり、近隣住民にはありがたい。

さて、そこで登場するのが「熱海湯」である。熱海湯は検番のすぐ近く、毘沙門天を南に入った細い坂を下ったところにある。様式も花街らしい和風宮造りなのが嬉しい。

浴室正面の大きな富士山のペンキ絵（中島盛夫絵師作）が美しい。鯉のタイル絵は奥の湯船の上にある。

番台式で、男湯側の脱衣場の中庭にある池には金魚が泳ぐ。浴室の正面には富士山が男女の浴室にまたがって描かれていて、客を迎えてくれる。現在の絵は2015年の9月に中島盛夫《なかじまもりお》絵師により描かれたもので、女性側の旅客機は私が描いた。そしてその下にはこれも見事な九谷焼《くたにやき》の鯉のタイル絵がある。

ところで湯の温度だが、前出の「世界湯《せかいゆ》」も同様、花街の銭湯の湯温は一般銭湯より少々高い。特に熱海湯は都内でもっとも熱い銭湯の部類で、開店時に45度以上は日常的だ。これも花街、江戸っ子の粋の伝統が引き継がれているのかもしれない。

ご主人は「昔、芸者さんらはみなツケでした。子どものころ、月末に親に頼まれて検番などに収金に行くと、大勢の芸者さんらが着替えてたりして、それはもうビックリでした」と当時のエピソードを語ってくれた。

神楽坂に現在も残っている検番。質素な造りだ。

「往時の面影が残る」京都府京都市・梅湯《うめゆ》

京都、京阪本線の清水五条《きよみずごじょう》駅近く高瀬川《たかせがわ》沿いに、五条楽園はある。京都の花街といえば島原があまりにも有名であるが、島原はすでに現役ではなく、観光目的に保存公開されている。しかしここ五条楽園は、私の知る限りごく最近まで現役の色街であった。鴨川《かもがわ》に並行して流れる高瀬川を下ると、数件の和風旅館風建物が見えてくる。なかには立派な唐破風《からはふ》のついたものもあるではないか。そう、ここは色街だったのだ。川沿いの脇道には洋風の建物もあり、なんとも不思議な空間である。

最近はこれらの店も営業していないということだが、往時を偲ぶ雰囲気は十分に残っている。

江戸時代の遊郭を想像させるようなかつての色街、五条楽園。

そんな通りのそばに「梅湯」はある。創業は明治時代という老舗銭湯で、建物は平入りでおそらく入口付近は改装されているだろう。

この銭湯、一時閉店していたものの、２０１５年５月５日に再び開業した。京都外国語大学を卒業した湊《みなと》雄祐《ゆうすけ》さん（１９９０年生まれ）が、数か月間会社員生活をしたものの、銭湯好きが高じて、この梅湯をひとりで切り盛りするようになったという。店頭でのフリーマーケットなど若者らしいイベントもあり、掃除の手伝いなどで同世代のサポートも力にして営業している。燃料は薪を使っているので体の芯までポカポカ、若いエネルギーで気分もポカポカとなる銭湯である。

長年市民に親しまれている梅湯。

浴室番付表

明治時代の1879年に出された「東京繁盛」番付表には、「温泉」「茶屋」などのなかに「浴室」がある。

このなかに、台東《たいとう》区浅草1丁目にあり現在でも営業している「蛇骨湯《じゃこつゆ》」が勧進元（主催者）としてのっている。江戸時代に田原町《たわらまち》付近にあった「蛇骨長屋」の井戸から蛇の骨が出たとして、縁起がよいことからつけられた名で、そこに銭湯ができたため屋号になったと伝えられている。激動の明治時代を生きのび、彫刻家高村光雲《たかむらこううん》が入浴したとも伝えられている。関東大震災で焼失後、現在の場所に移った。昭和初期から30年代ごろは、役者らで混みあったという。

さらに番付表の3段目「司」に小川町《おがわまち》「稲川楼《いながわろう》」とあるのは1章でも紹介した、神田《かんだ》小川町にあった創業1869年、1992年3月16日に閉店した銭湯である（→P42）。

(提供：蛇骨湯)

昭和初期に新築した際に撮影された蛇骨湯。アール・デコ様式のモダンな銭湯だった。

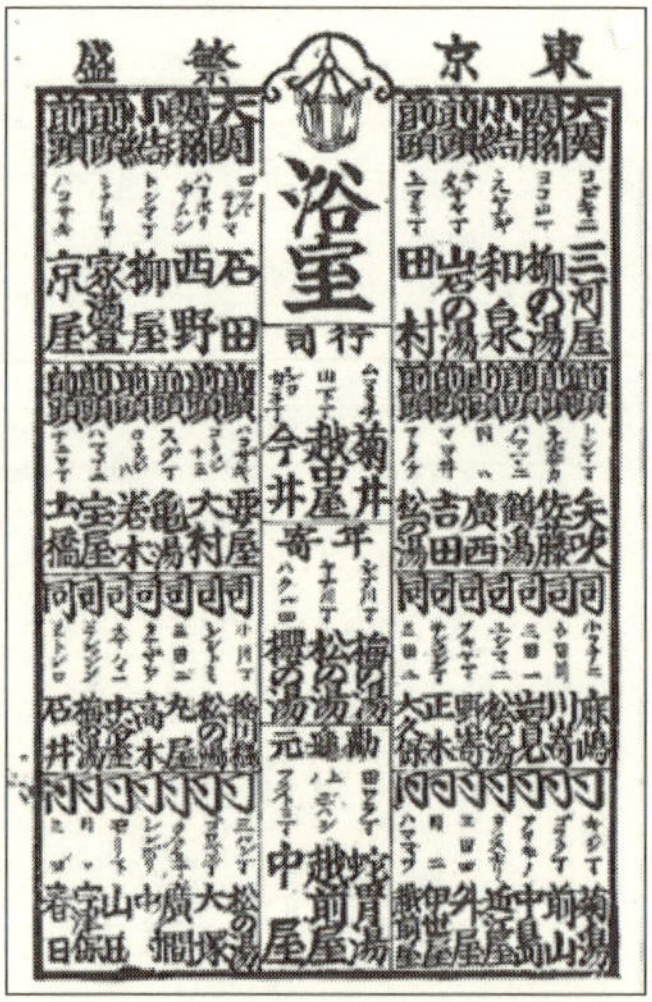

位と所在地、銭湯名が書かれた浴室番付表。

4 銭湯美学

銭湯建築の美学

銭湯における視覚的な遊びは実に興味深い対象が多い。それは江戸時代における柘榴口《ざくろぐち》が、その銭湯のステイタスであったことからも理解できる。江戸時代における銭湯の外観は、町屋風で、決して豪華な様式ではなかった。そのころ、寺社仏閣は別として、庶民の使用する建築物は質素な造りがほとんどだった。そのかわり、外からは見えない浴室の柘榴口に彫刻を入れたり、絵を描いたりしたのである。

明治時代に入り、自由な様式の建築が可能となった。外観も豪華な建築様式が登場し、銭湯も次第にその波に乗っていった。そして外観にとどまらず、脱衣場や浴室など、あらゆる場所で百花繚乱のごとく客を魅了したのであった。

●宮造り銭湯の登場

私にとって銭湯というと、外観でまず頭に浮かぶものに、寺社仏閣のような宮造りとよばれる様式がある。

しかし、地方から東京に来て銭湯を見る人のなかには、東京の銭湯にはなぜ宮造りが多いのだろう、という疑問を持つ人が少なくない。つまり、銭湯建築様式イコール宮造り、という方程式は全国的には特異であり、結論としては、東京を中心とした地域以外における銭湯様式の定番はない、ということになる。

その背景には東京の宮造り銭湯様式の発祥が大いに関係していた。そもそも銭湯は、浴室や釜場など特殊な構造を持つ施設のため、銭湯を専門に扱う工務店が江戸時代からあったようだ。東京においては、１９２３年の関東大震災後と、それ以前で、銭湯様式に大きな違いがあった。関東大震災までの東京における銭湯様式の特徴はというと、基本的には木造の平入りか、もしくは三角屋根が正面に来る、妻入りという質素な造りだった。それが関東大震災後に急に豪華な宮造り銭湯が増えてきた。実はそれにはある経緯があった。

飯高作造《いいだかさくぞう》さん（１９３０年12月生まれ・故人）は終戦直後から長年、銭湯をおもに手がけてきた大工の棟梁だ。朴訥とした口調からは、長年一途に宮造り銭湯を手がけてきた職人気質が伝わってくる。以下は私が生前飯高さんにお会いした時にお聞きした話だ。

飯高作造さん（1991 年撮影）。

「世のなか、どんどん変わってしまったからね、銭湯ねえ、何軒くらいつくったかなあ、控えてないから。家を建て替える時に、取っておいた図面も何も失くしちゃって」といいながら、昔のことを話してくれた。飯高さんは栃木県出身で、１９４５年、15歳で上京。はじめは中目黒に住んだが、終戦時、進駐軍が来たら男はみんな去勢されると聞いて田舎へ戻り、１年半後に再び上京。今度は八丁堀《はっちょうぼり》に住んで鮫洲《さめず》の飯場に通っている時に、たまたま人から声をかけられたのが縁で、浅草にあった津村享右《つむらきょうすけ》さん（故人）の事務所で仕事をすることになったという。

津村享右さんは、宮大工の技術を持っていた方だ。関東大震災によって多くの銭湯が被害を受けたが、その復興期に、みんなの元気が出るようにと、それまでになかった豪華な宮造り銭湯を建てたという。

外観はカーヴのある唐破風《からはふ》屋根とし、脱衣場の天井は吹き抜けの格子の「格天井《ごうてんじょう》」とした。津村さんの建てた宮造り銭湯は、その豪華さから、多くの客で賑わった。その宮造り銭湯も、その後の太平洋戦争の空襲で多くが焼かれてしまったのだったが、それ以降新築する銭湯は、競ってこの宮造り様式にしたという。

飯高さんは30歳のころ、津村さんから技術を習得して独立。独立後はじめての仕事は、江戸川区の一之江《いちのえ》にあった「大星湯《おおぼしゆ》」（現在は廃業）だった。東京オリンピックのころで、宮造り銭湯が続々建てられていた時期だ。飯高さんによると、「建前から1か月くらいでつくっちゃうんですから。銭湯のほうでも、何月何日に開店なんて触れ回ってね。彫刻や瓦はそれまでに用意しておいて、一気に仕上げるんです。でも、実際粗っぽい仕事でした」と当時を思い起こして話してくれた。そのころは常時４、５件かけ持ちしていたほど多忙だったという。

「金松湯」という銭湯の建前の記念写真。てっぺんから左に３人目、笑顔で腰掛けているのが飯高さんだ。津村さんは破風のちょうど上に立っているスーツ姿の人物。

職人の世界ではよくあることだが、宮造り銭湯の技術も、習うものではなく、盗むものだった。勘と根気が必要だ。棟梁は詳細な図面など引かずに、曲尺《かねじゃく》を使い、頭のなかにある図面で建てる。飯高さんも自ら古い文献などで独学して習得していったという。

飯高さんの話を聞いていると、貴重な体験からにじみでる、この道一筋の職人の生き方が伝わってきた。

このような経緯があり、東京型銭湯は宮造り様式が主流となった。しかし、数は少ないが、ほかの様式の銭湯も登場している。時期が昭和初期に集中しているのも特徴である。

そのひとつが、1910年代半ばから1930年代にかけて流行したアール・デコ様式（幾何学的なデザインで、生活用品から建築にまで影響を与えた）の銭湯だ。おそらく、最新の流行を追った個性的な銭湯として集客を狙ったのだろう。東京におけるそんなモダンなアール・デコ様式最後の銭湯は、3章の「銭湯雑学」でも紹介した「廿世紀《にじっせいき》浴場」（→P118）だ。1929年に建てられ、2007年12月末日にその80年近い歴史を終えた。

外観は、スクラッチタイルという表面を櫛でひっかいたような仕上げのタイル張り。正面ファサードには「廿世紀浴場」と大きく縦に文字が入っている。脱衣場の窓はアーチ型のモダン古教会風、浴室照明も白熱電球使用というレトロな雰囲気だった。

ところで、東京以外の銭湯様式はどうか、についてであるが、東京ほど定番様式がないということが、私が全国3000軒以上の銭湯を訪ねて得た結論である。

そこでひとつ疑問が出てくる。愛媛県松山市の道後《どうご》温泉や大分県別府《べっぷ》市の竹瓦《たけがわら》温泉における豪華な宮造り様式はなぜか、ということになる。私の推測だが、それらは、かつて寺院が布教のために庶民に入浴の機会を与えた、という流れからと思われる。

銭湯のステイタス

東京型宮造り銭湯の特徴として、その外観において、正面入口の屋根が曲線状の「唐破風《からはふ》」様式であることがあげられる。「唐」といっても中国渡来ではなく、曲面がうねったそのにぎやかな形を指してそう呼ばれている。

そのルーツは、平安時代。盛んに使われ出すのは、安土桃山時代以後のことだ。当初は寺社仏閣、祭礼の山車《だし》、神輿《みこし》、城の天守閣などに限られ、庶民の建築に使用されることはなかった。江戸時代に入ると大名屋敷の門に使用されるようになった。それ以降、遊郭など少しずつ庶民に近い建築にも使用されるようになってきた。そんな様式も近代に入ると、銭湯という、完全に庶民のための建築物にまで使われ、日常的なものとなってきた。

さて、宮造り銭湯の唐破風の下には、彫刻がほどこされていることが多い。これは「懸魚《げぎょ》」（兎《う》の毛通し）などと呼ばれるもので、題材には、銭湯の場合には鶴や松の組み合わせが多い。私が銭湯巡りをはじめた１９８０年ごろは、20か所ほどの銭湯に同じ彫刻があった。同じものが多いのは、前出の大工棟梁の飯高さんによると、群馬県にいた福田さんという彫刻師の作品で、注文の来る前に、いくつもの鶴と松の飾り彫刻を造っておいたからだという。

この唐破風と懸魚はまさにその銭湯のステイタスでもあったのだ。これみよがしなまでに派手な様式、この秘めたる意味は、「極楽浄土への入口」のサインではないだろうか。

唐破風は現在、宮型霊柩車にも使用されている。

すなわち、唐破風が使用されている銭湯・遊郭・宮型霊柩車には、一見なんのつながりもないように思えるが、あの世とこの世の境をしめす役割を果たしているのである。極楽浄土へ通じる、という共通点があるようにも思われる。

銭湯建築様式ひとつでも実に奥の深い歴史がある。

台東区・浅草にある曙湯では、東京型宮造り銭湯を象徴する、カーヴのある唐破風が見られる。

目黒区・芽吹湯（現在は廃業）にあった翁と媼の懸魚。

懸魚の題材でいちばん多く見られる「鶴と松」（大田区・明神湯→ P94）。

品川区・栄湯（現在は廃業）の懸魚の題材は鳳凰だった。

世田谷区・砧温泉（現在は廃業）では見事な鷲の懸魚が見られた。

関西地方に今でも残る、かつて遊郭だった建物。

宮型霊柩車と筆者。唐破風部分の素材は桐で、全て手彫りの高級品。　（協力：東礼自動車株式会社）

銭湯の絵画

ペンキ絵の誕生

銭湯には富士山がよく似合う。ではこの富士山の絵は、一体、いつ、どこで、誰が描いたのであろうか。

東京都千代田《ちよだ》区の神田猿楽町《かんださるがくちょう》にあるTOHYU《トーユー》ビルの入口横に「ペンキ絵の発祥地」のプレートがあるのをご存知の方は少ないだろう。私はこのプレートの除幕式に出席した。

プレートに書かれているペンキ絵発祥の物語はこうだ。１８８４年、石川県鳳至《ふげし》郡（現在の鳳《ほう》珠《す》郡）出身の東由松《あずまよしまつ》（１８５２～１９１７年）は、この地に銭湯「キカイ湯」を建てて開業した。汽船のボイラー（機械釜）を他店にさきがけて取り付けたことを記念してこの店名をつけたという。１９１２年にその息子・東雄三郎《あずまゆうざぶろう》（１８８０～１９５３年）は、旧店の隣に新キカイ湯を増築して、浴室の壁面にペンキ絵を掲げた。これがはじめての銭湯のペンキ絵といわれている。『公衆浴場史』には「この絵が満都の評判となり、市内各湯もこれにならって思い思いの絵をかかせて浴客を喜ばせ……」とあり、評判を受けてほかの銭湯にも広まっていったことがわかる。キカイ湯は１９２３年の関東大震災と１９４５年の東京大空襲による戦災とで2回全焼したが、そのたびに復興して営業を続けた。１９７１年、近隣から惜しまれつつ、87年間続けた店を閉じた。ちな

1992年3月におこなわれた、ペンキ絵発祥地の記念プレート除幕式。TOHYUビルは「キカイ湯」の跡地である（筆者撮影）。

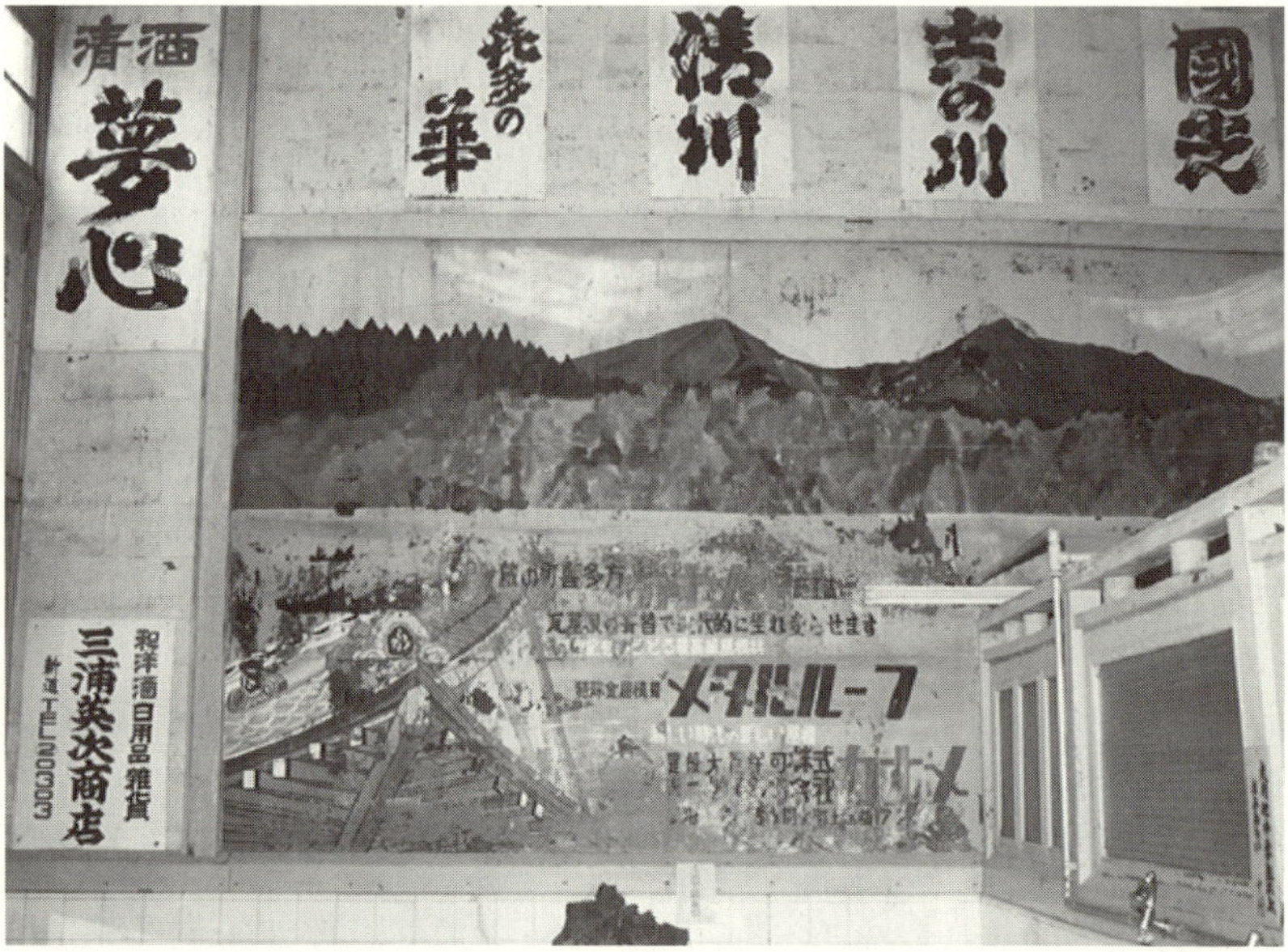

福島県喜多方市・やなぎの湯（現在は廃業）の浴室。広告がかなり大きく描かれていた。

みにTOHYUビルの名称は、東雄三郎の名による。

ペンキ絵の発祥についてさらに詳しく説明しよう。

私は１９９５年にかつてキカイ湯のあった場所に建つTOHYUビルに住む、東堯《あずまたかし》さん（１９１２年生まれ）を訪ねた。キカイ湯の３代目のご主人だ。

東さんによると、キカイ湯のペンキ絵は創業者の息子、雄三郎さんが、「子どもが喜んで風呂に入れるように」と考え、絵を描くことを発案した。母親が子どもに絵を見せながら、ゆっくりとお湯に入れることを期待したからだという。当時は男性側には富士山などの風景画が、女性側には子どもが多いので、汽車や汽船などを題材とした絵が多かった。ペンキ絵は夜中に画家がやってきて、夜を徹して描き続け、朝までには仕上げていったという。東さんは誰よりも早く、一夜明けて一変した浴室の見事な絵を見るのが楽しみだったそうだ。

さて、このキカイ湯に初めて描かれた絵は富士山。画家は、川越広四郎《かわごえこうしろう》である。彼がキカイ湯に絵を描いた経緯は不明だが、富士山を描いた理由は、静岡県の掛川《かけがわ》出身であったので、心に残る故郷の美しい風景として描いたのではないかと思われる。それまで何もなかった浴室の壁に、ある日忽然と富士山の絵が現れたのを見た客は、驚いたに違いない。またたく間に評判となったのは当然のことだった。

そこに目をつけたのが広告屋だった。当時はまだラジオもなく（ラジオの一般放送は大正時代、1925年3月22日に開始）、多くの人々が出入りする銭湯は、江戸時代より広告の場として利用されていた。広告屋、今でいうところの広告代理店は、銭湯の近所の商店などから広告を取り、それを浴室のペンキ絵の下（初期のころは絵のなかに描いていた）に小さな看板として貼ったのだった。地元の人に宣伝するには、とても効果的な方法だった。

川越広四郎の描いたペンキ絵（↓P157）にすでに広告が入っていることから、大正時代なかごろから末にかけて、すでにこのシステムが確立されていたことがわかる。ペンキ絵の下の広告は、年に一度更新をした。そのサービスとして、更新のたびに無料で新しい絵を描くというシステムだった。

●広告代理店の出現

関東大震災直後には、銭湯専門の広告代理店が出現していた。

以下は1924年に初めて本格的に銭湯専門の広告代理店を開始した丸山保平《まるやまやすへい》の息子である丸山喜久男《きくお》さん（故人）に生前お聞きしたことである（ちなみにこのころもう1社「美虹社《びこう》」という会社も登場していた。創立者は元浴場組合事務長をしていた人物だったという）。

1926年、仕事が順調になったこともあり、保平は東京の下町根岸《ねぎし》に「背景広告社」本部を設立し、事業を拡大していった。初代社長は元米屋の菊地という人物、2代目は元警視庁勤務、3代目は元銭湯の番頭がつとめている。喜久男さんは1934年、19歳の時に背景広告社に入社。

このころになると、1936年に「斉藤広告社」、翌年に「江黒広告社」といったように、都内にいくつかの銭湯専門の広告代理店が出現した。広告代理店は事業としてかなり利益が高かったという。

しかし終戦時に、前出の大手「背景広告社」が分裂した。戦後復興期で銭湯が増えてきた時でもあり、1947年には神奈川県を含め、銭湯専門広告代理店が12社も出現している。

ピークは、東京における銭湯数がもっとも多くなった1968年だ。銭湯は2687軒にまで増え、それにともない広告代理店も20社以上が競い合うようになった（144ページの変遷図参照）。基本的にはそれぞれの代理店に専属の絵師がいたわけで、その人数は正確には不明だが、30人ほどといわれている。当時の銭湯の多くにペンキ絵があったと思われ、それぞれが年に1回描き替えていたとすると絵師もかなり多忙だったであろう。

広告代理店は、1968年の銭湯軒数のピークを過ぎ、内風呂の普及により急激に銭湯の数が減るのと同時に、廃業や転業をするようになった。2015年において、銭湯の広告代理店として残っているのは「背景広告社」のみとなっているが、背景広告社も会社としてはほとんど機能していない。なお、喜久男さんは、背景広告社に入社後、支社を任され、1993年に死去する数年前まで絵を描いていた。

ペンキ絵背景画の変遷図（現在会社所在不明も含む）

	銭湯の変遷	ペンキ絵の変遷
江戸		脱衣場において「引き札」という広告表現
明治	1868 混浴禁止令（1872年まで毎年） このころ改良風呂出現 1879 湯屋取締規則制定 1890 警視庁7歳以上の混浴禁止 1907 東京浴場組合設立	
大正	1917 湯屋取締規則改正で湯屋名が浴場となる 1923 関東大震災にて多くの銭湯が被害を受ける	神田「キカイ湯」に川越広四郎が富士山の絵を描く 1924 丸山保平（喜久男の父）が浴場広告の仕事を始める（「背景広告社」の前身） このころ「美虹社」（元浴場組合事務長）が広告の仕事をはじめる
昭和	1928 警視庁の内令で浴槽がカラン式となる 1932 東京市営公設浴場 3か所 1937 日中戦争勃発により燃料不足となる 1938 警視庁、銭湯の煙突の高さを規制（七十五尺、約23メートル）	1926 背景広告社本部が根岸で設立 初代社長 菊地（元米屋） 2代目社長 和田（元警視庁勤務） 3代目社長 山浦（元銭湯の番頭） 武藤という人物入社 このころ「青田広告社」設立 1931 武藤独立（葛飾区を分け与えられる） 1934 丸山喜久男、仕事を始める（19歳） このころ、のちの「坂本広告社」初代社長入社 1936 斉藤辰男（のちの「斉藤広告社」初代社長）入社 1937 江黒誠一（のちの「江黒広告社」初代社長）絵師として入社 1939 丸山喜久男、背景広告社の支社を任される

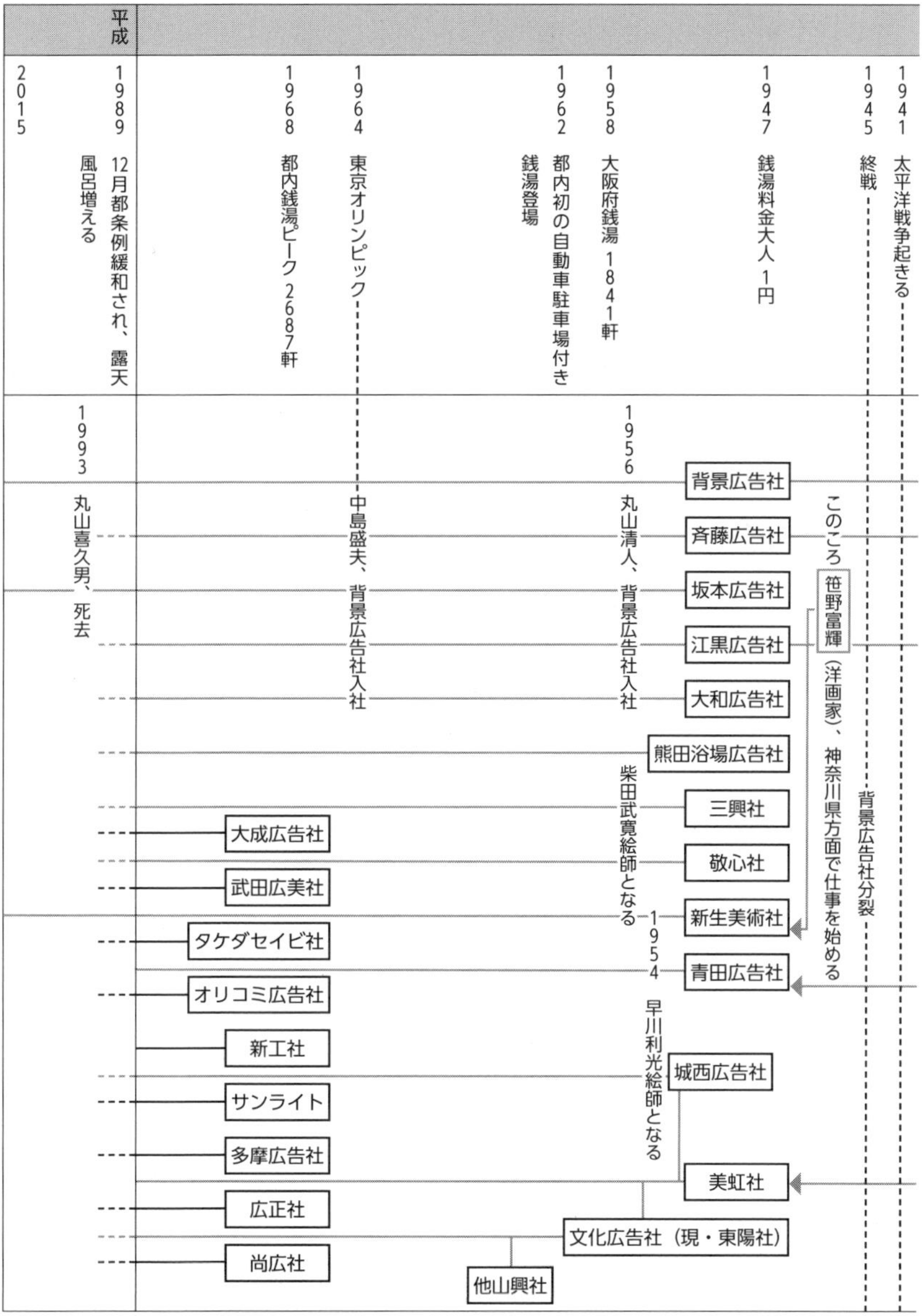
平成
2015
1989 12月都条例緩和され、露天風呂増える
1968 都内銭湯ピーク 2687軒
1964 東京オリンピック
1962 都内初の自動車駐車場付き銭湯登場
1958 大阪府銭湯 1841軒
1947 銭湯料金大人 1円
1945 終戦
1941 太平洋戦争起きる
1993 丸山喜久男、死去
中島盛夫、背景広告社入社
1956 丸山清人、背景広告社入社
このころ 笹野富輝（洋画家）、神奈川県方面で仕事を始める
背景広告社分裂
背景広告社
斉藤広告社
坂本広告社
江黒広告社
大和広告社
熊田浴場広告社
柴田武寛絵師となる
三興社
大成広告社
敬心社
武田広美社
1954
新生美術社
タケダセイビ社
青田広告社
オリコミ広告社
早川利光絵師となる
新工社
城西広告社
サンライト
多摩広告社
美虹社
広正社
文化広告社（現・東陽社）
尚広社
他山興社

※坂本広告社、新生美術社は、現在、銭湯での仕事はおこなっていない。

ペンキ絵師

最盛期に数十人いた絵師も、現在職業としている人は全国にふたりとなってしまった。丸山清人《まるやまきよと》絵師（１９３５年9月生まれ）と中島盛夫《なかじまもりお》絵師（１９４５年4月生まれ）だ。ふたりとも前出の背景広告社に所属していた絵師であるが、中島絵師は現在すでに独立している。

丸山清人絵師。

中島盛夫絵師。

目黒区・永生湯（現在は廃業）にあった中島絵師による富士山のペンキ絵。絵の下に広告がある、スタンダードなタイプ。

現在、銭湯に広告が入らないため、基本的には直接銭湯から絵師に依頼がくる。ふたりの絵師の担当は、ほぼ異なる地区となっている。

中島さんによると、絵師になるための道のりは大変だという。広告代理店に入社し、先輩の下での見習いに始まり、3年間はひたすら空の青色塗りや、荷物運び、足場づくりなど雑用が中心だ。3年ほどたった時、急に「ひとりで描いてみろ」といわれて驚いたという。

絵の大きさは、一面が約3メートル×5メートルのものが主流だが、まれにそれよりかなり大きい面の時もある。高い面を描くのは大変な重労働だという。

銭湯のペンキ絵の特徴は、映画の看板などとは異なり、現場で短時間（一面を約2時間から3時間）で一気に完成させることである。昭和40年代（1965〜1974年）は、1日に2軒を描いたこともあるが、現在は銭湯の定休日に1軒作業することが多いという。

丸山絵師と中島絵師は、銭湯以外の場所として、店舗や介護施設、イベント会場などでも描くことが増えてきているという。中島絵師は、2015年9月にイギリスのロンドンの店や個人住宅にまで描きに行った。異文化の国の人にも銭湯のペンキ絵を通して日本の銭湯文化を知ってもらえるのは、すばらしいことである。

ところで私が銭湯巡りを始めた35年前においては、東京だけでも複数の銭湯絵師がいた。氏名だけでも紹介しておこう。早川利光《はやかわとしみつ》、柴田武寛《しばたたけひろ》、佐怒賀次男《さぬがつぎお》、小林正二《こばやししょうじ》、木村進《きむらすすむ》、本多正雄《ほんだまさお》、辻野広《つじのひろ》

2014年、練馬区・北町浴場のペンキ絵を中島絵師と一緒に描いた筆者（左）。
北陸新幹線開業を記念したもので、新幹線部分は筆者が担当した。

石川県珠洲市でおこなわれたペンキ絵公開制作イベント（2010年）。

司《し》、滝口民男《たきぐちたみお》。神奈川県地区を担当し、終戦直後、アメリカ進駐軍の食堂などに絵を描いていた洋画家の、笹野富輝《ささのとみてる》絵師も忘れてはならない人物である。

ちなみに、神奈川県におけるペンキ絵の発祥は、東京のそれと異なり、ユニークだ。終戦直後に作品の売れない画家らが集まって「新世美術」というグループを創立し、銭湯に描き始めたのが発祥といわれ、当時メンバーは20人ほどいたという。そのなかのひとり、水野富美夫《みずのとみお》絵師は、のちにエチオピアに渡り、１９９６年６月に亡くなるまで現地で作品を描いていた。死亡記事は日本の新聞でも取り上げられたほど、現地では有名だったという。

基本的には発祥が東京なので、地方の銭湯でペンキ絵にお目にかかれることはまれ

中島絵師が世田谷区・富貴湯（現在は廃業）に描いたエベレストのペンキ絵。

である。その数少ないペンキ絵も、東北に行くと、広瀬川《ひろせがわ》や最上川《もがみがわ》といったように地元の風景が題材となる。九州では阿蘇山《あそさん》などだ。もっともこれらの絵の多くは専門の絵師ではなく、町のペンキ屋さんが描いたものだという。描かれてから何十年も経てボロボロになっていることも少なくない。新しい絵を絵師が描き直すということはあまりないようだが、丸山絵師、中島絵師は、依頼がある時は地方の銭湯へも描きに行っている。

●富士山の絵に秘められたもの

東京においては浴室の奥側に浴槽があるのが一般的だが、地方の銭湯は基本的には浴槽は浴室の中心か、男女の浴室の境側にあるのが多い。

これは、なぜだろうと長年疑問に思っていた謎だった。しかし、その謎が最近ようやく解けた。その答えと関係しているのが富士山の絵だった。富士山の絵には基本的には水（海・湖・川）が入っている。すなわちその真下にある湯船の湯と絵のなかの水は同一空間にある、と考えているのだ。末広がりで縁起のよい富士山は霊山としても古くから崇められていた。富士山から注がれた水はそのまま湯船へと流れている。その湯船につかることは、体を清める禊《みそぎ》に通じるものが根底にあるのではないだろうか。それは年輩客などが、つい「あ〜極楽極楽」とまるで念仏を唱えるかのように入浴している風景があることからも理解できる。ペンキ絵と湯船が一体となる世界観を表すために、湯船がペンキ絵に近い場所にあるということだ。

ペンキ絵には描いてはいけないものが3つあるという。これは代々絵師らにいいつたえられていることだ。まずは「猿」。これは客が去るということから。次に「紅葉」。赤くなり、葉が落ちることから、赤字を連想させると考えられた。最後は「夕陽」、これも赤くなり沈むことからである。もっとも昨今はこれらにあまりこだわらず、自由に描くことも多くなっている。

また、かつては富士山や日本三景といった風景が題材に多かったが、ここ20年ほど前からそれまでにはない題材も描かれるようになった、例えば、「北陸新幹線」（→P148）は富山市がスポンサーとなって依頼が来たもので、現在は都内に10か所近く描かれている。ちなみにこの北陸新幹線を描くのは私が担当している。私は30年近く前に中島絵師と出会い、いつのまにか手伝うようになり、今ではひとりでも1枚描けるようになってしまった。

その他「東京スカイツリー®」「ゲートブリッジ」「アルプス山脈」「東京タワー」等々そのバリエーションは多いが、数年に1回新しい絵にするために、いつまでも見ることはできないのが、ペンキ絵の宿命である。

次に、絵師の使用するペンキについて説明しよう。ペンキは油性の外壁用ペンキを使用する。色は、三原色の黄・赤・青と、白のみである。この4色があれば、どんな色も出せるからだ。筆は絵師ごとに使用しやすいように手を加えるが、全部で10本以内である。

墨田区・荒井湯（2009年撮影）。東京スカイツリー®が描かれたこちらは女性側で、男性側にはゲートブリッジが描かれた。

2005年、練馬区・北町浴場に筆者が描いた富士山のペンキ絵。

ペンキ絵の作業について、富士山の絵を描く工程で説明してみよう。

1、古い絵のペンキのはがれた部分を処理する（基本的に古い絵の上に直接描く）。

2、かなり大ざっぱに新しい絵のラインを入れる。

3、空を絵の半分まで上から下に向かって塗る。

4、富士山の頂上から、その下の山、海などの下塗りをする（ここまではローラーを多用）。

5、細かい木の表情などを筆で入れる。

6、松などを加えて、全体をチェックして完成。

題材も基本的には絵師が決める。男女2面の場合は、描き替えごとに富士山を入れ替えるが、他方は架空の風景となることが多い。男女の浴室の境に柱がない時は、浴室をまたいで中心に巨大な富士山を描く（→口絵v）。

新宿区・熱海湯（→ P123）の富士山は、男女の浴室にまたがったもので、とても迫力がある。ペンキ絵の下の鯉は、タイル絵（→ P160）だ。

目黒区・永生湯（現在は廃業）にあったペンキ絵。題材は石川県の名勝見附島。

富士山のペンキ絵に思うこと

あらためていうまでもなく、富士山は、日本の多くの山々が昔から信仰の対象であったなかでも、特別の山として崇められてきた山である。それは江戸時代に定着した富士山信仰からも理解できる。それを物語るように、現在でも都内に90か所近い「富士塚」がある。富士塚は、いわばミニ富士山で、実際に富士山から運んできた火山岩を利用して築かれた山が多い（現在は富士山の石は持ち出し禁止である）。それは現在でも、東京の一部の銭湯の庭や浴室に使用されていることもあり、興味深い。

絵師が好んで描く場所は西伊豆《にしいず》か三保《みほ》の松原だというが、実際にある風景とは違っている。富士山の左右に流れる美しい稜線は実際の富士山より美しく描かれているのだ。

実は、ペンキ絵は、特に富士山の場合、その絵

丸山絵師が描いた富士山のペンキ絵。「これぞ銭湯」といった堂々たる風格だ（2011 年撮影。大田区・明神湯→ P94）。

に特定の季節はないのである。富士山は冬の冠雪のある姿、木々は5月の新緑の美しい季節、しかし空は真夏の抜けるような青に、モクモクとした雲。すなわち銭湯の富士山は、描かれる題材のそれぞれがもっとも美しく輝く季節を合成した、日本人の心のなかにある、いわば理想の富士山の景色なのである。

富士山の絵に秘められた思いから、私は実に多くのことを学んだ。

●川越広四郎《かわごえこうしろう》という人物

「キカイ湯」にはじめて富士山の絵を描いた洋画家、川越広四郎が、一体どのような人物であったかは、『公衆浴場史』においても何も記されていない。

しかしある日、私に一通の手紙が来た。それは川越秀夫《かわごえひでお》さん（2009年、88歳で死去）という方からで、彼は川越広四郎の息子さんだった。当時85歳で、染色の仕事をしていた。秀夫さんの手紙には「父広四郎の生い立ち、画業の件ですが、はっきり申し上げて不明です。自分の父のことなのにお恥ずかしい。なにせ父は1933年11月8日死去、享年49歳と早逝でした。ために人との付き合いも浅かったようで、人間関係が希薄だったため父をよく知る人もいなかったと思われます。父からいちばん可愛がられ、父をよく知ると思われた長姉も早くにこの世を去っています」と書かれていた。

広四郎は、1884年に静岡県掛川《かけがわ》の西郷《さいごう》で誕生。そこの戸籍謄本も、東京麹町《こうじまち》の謄本も、原本

かつて川越広四郎が描いた銭湯のペンキ絵。

は震災や空襲で焼失したために、広四郎の両親名も不明となってしまったという。川越一族の有志会にも広四郎は出席することがなかった。ただ職業画家で、頼まれると新潟の寺にまで出かけて絵を描いてきたり、塩原《しおばら》に出かけて絵を描いては人にあげたりしていたという。生活は豊かで、従兄弟に事業資金を出したり、甥の大学進学の援助もしたりと、余裕があった様子がうかがえる。

残念なことにそれ以上のことは不明で、「キカイ湯」との関係も謎となっている。

川越秀夫さんと、その弟の俊次郎さんより、広四郎の遺品のなかにあったメモ書きと、貴重な絵の写真を寄贈していただいたので紹介する。

まず157ページの写真は、富士山のペンキ絵。ここから読み取ることができるのは、すでに広告が3枚、直接絵の部分に入っていること。住所などを調べると、現在の飯田橋《いいだばし》駅近くの、東京大神宮下や麹町付近の住所が多いので、おそらくそのあたりの銭湯と思われるが、銭湯名は特定できない。絵は雄大な富士山である。遺族の方によると、広四郎はこの絵を気に入り、写真館に依頼して撮影してもらったのだという。

159ページの写真もプロの写真家に撮影してもらったものである。前出の富士山の絵とは異なり脱衣場から撮影したもので、浴室の様子もわかる貴重な資料といえる。

まずは正面のペンキ絵。題材は香川県にある高松《たかまつ》栗林公園。絵の中央左に広告が入っており、「面白倶楽部」とある。これは1914年に当時の講談社雄弁会（現在の講談社）より創刊された雑誌なので、それ以降に描かれたことがわかる。

次に注目したいのは、浴室床が木造りで中心部に排水のための溝がある点だ。これは江戸時代の銭湯様式と同じなので、まだこの時代（おそらく大正時代）には、明治時代末期に建てられた銭湯が残っていたと考えてもよいだろう。

また、浴室の天井が高く、手前の脱衣場と奥にある浴室の間に扉がない点は、明治時代に入ったばかりのころの「改良風呂」と推測される（→P44の図版）。浴室の天井から下がっているのはガス管なので、ガス燈を使用していたこともわかる。

さらに、絵の下や側面に使用されているタイルに注目したい。これは幕末から明治にかけて使用

当時の様子がしのばれる浴室の写真。

されるようになった「本業敷瓦《ほんぎょうしきがわら》」か「マジョリカタイル」、あるいは「ビクトリアンタイル」と思われる高価なタイルと見られる。

カラン（蛇口）はなく、1か所に小さな蛇口があるが、男女でつながっているので、どうやらあがり湯用と思われる。

これらを総合的に判断すると、時代的には1914（大正3）年から大正時代末期までのあいだに描かれたものではないだろうか。

川越広四郎がもしキカイ湯に絵を描かなかったとすると、それ以降の東京の銭湯も殺風景な浴室になっていたかもしれない。

タイル絵

銭湯における視覚的遊びは、すでに紹介したペンキ絵以外にもいろいろとある。ここからはそれらを紹介することにしよう。

文京区・月の湯（現在は廃業）には、九谷焼の鯉のタイル絵があった（章仙画）。写真のペンキ絵はかつて早川利光絵師が描いたもの。

昭和初期の鈴栄堂によるタイル絵（荒川区・第二桜湯、現在は廃業）。

「タイル絵」は、白い無地のタイルに絵付けしたもので、一般的には、大きさが三六角と呼ばれるサイズ（三寸六分、10・8センチメートル四方）を使うことが多い。使用される場所は、入口扉の左右や、玄関を入り下足箱のある部分、すなわち番台の背中にあたる部分が多く、題材は、「福助」や「宝船」などが多い。男女の浴室の境や、ペンキ絵の真下、湯船の上あたりにあることもある。

立派なタイル絵がいちばん多く使用されているのは、東京付近の銭湯である。これらのタイル絵を長年記録して、いろいろな発見があった。

まずは多くのタイル絵には「鈴栄堂《りんえいどう》」の銘が入っていることだ。次に画銘も何種類か確認できた。「章仙《しょうせん》」「春山」「陶山」「福

裸婦を描いた色っぽいタイル絵もあった（墨田区・松の湯、現在は廃業）。章仙画。

二」「秋月」「暁舟」「翠光」「北仙」「英泉」「京章」「峯雲」「広重」などだが、このうち半分以上の画銘が「章仙」だった。

１９９０年、この章仙を名のる作家と金沢の工房で会うことができた。

本名は石田《いしだ》庄太郎《しょうたろう》さん、１９１４年生まれ。終戦後から１９７５年ごろまで多くのタイル絵を描いてきた。出身は金沢近くの松任《まっとう》市（現在の白山《はくさん》市）。職人気質で温厚な人柄が伝わってきた。「私の家は農家でして、本格的な絵の勉強はしてないんですよ。旧制中学の受験に失敗して、13歳で知り合いの神戸の貿易商のところへ行き、そこで陶磁器の下絵の仕事をしながら夜学へ通い、商業と英語を勉強しました」とのこと。当時の仕事は外国船の船員が土産用に買っていくティーセットやディナーセット

江東区・常磐湯。動物を描いためずらしいタイル絵。オーダーメイドで描いたもの。章仙画。

などの絵付けだった。題材は山水画や花鳥風月的なもので、のちにそれがタイル絵に役立ったという。

神戸にいた25歳の時に軍隊に召集され、終戦後、もといた会社はなくなっていた。そのため、北陶社という社員30名ほどの会社に絵付け師として入社した。北陶社は日本陶器から独立した小さな会社で、白磁に絵付けをしていた。しかし月給が安かったので、勤務後のアルバイトとして、タイルの取り引き先である鈴栄堂のタイル絵仕事をするようになったという。

そのうちアルバイトのほうが多忙となってきた。北陶社の月給が３５００円のところ、アルバイトでは一晩で１０００円ほどもかせぐことができた。そして１９４８年、自ら窯をつくって独立したのだった。

北区・千代の湯（現在は廃業）にて、1999年撮影。章仙画の見事な鯉のタイル絵。鯉は「お客来い来い」とかけて縁起物とされ、人気があった。

鈴栄堂の創業者は鈴木《すずき》兵次郎《へいじろう》さん（故人）。１９２１年ごろ、金沢の駅前にタイルを扱う建材店を開いたのが始まりだ。昭和初期は自らタイルの見本帖を持って日本じゅうを飛び回って注文を取ってきたという。当時は絵付けの専門職人を15、16人も抱えていた。

タイル絵には九谷焼《くたにやき》という名を入れていたことや、東京の銭湯の出身者に北陸3県（新潟・石川・富山）出身の人が多かったこともあって、注文は殺到したという。最盛期は１９５５年から１９６０年あたりで、注文の来る前につくっておく必要があったほど忙しかったという。この時期はまさに、東京においても銭湯が急激な勢いで建てられたころで、忙しさは想像に難くない。

女湯にはおとぎ話が描かれることが多い。これは「カチカチ山」の一場面を描いたもの（目黒区・松の湯、現在は廃業）。陶仙画。

章仙さんは鯉の絵柄が得意で、何も見ないで描けたという。特別注文の絵もあり、その時は見本の絵葉書や錦絵を注文主から送ってきた。

基本となる大きさは、五寸角（約15センチメートル四方）で6枚×4段の24枚組。これを1日8～9時間で完成させた。もっと大きくなると寺のお堂に広げて描くこともあったという。

ほかのタイル絵師として、帝展（文部省管轄の官設展）にも入選したことがある塚本暁舟《つかもときょうしゅう》さんは、プロ意識の高い人だった。もうひとり、胡山《こざん》さんは山水画を得意としていた。彼らのなかには銭湯のタイル絵を本業と認めていなかったのか、画銘を入れない絵師もいたという。また絵師同士のつながりもなく、先輩、

足立区・小桜湯（現在は廃業）にあったモザイク画。男女の浴室の境となっている仕切りの壁には、まんがのいろいろなキャラクターが描かれていた。

後輩のわずらわしさもなかったようだ。

章仙さんに私が東京で撮った彼のタイル絵の写真をお見せしたところ、喜んでくれた。自分の描いたタイル絵を見に行ったことは一度もなかったという。お会いした時はちょうど、東京の武蔵小金《むさしこがね》井《い》にある「江戸東京たてもの園」内に北《きた》千住《せんじゅ》から移築保存される「子宝湯《こだからゆ》」のための「高砂」の図柄を描いている時だった。再び章仙さんの銘の入ったタイル絵がよみがえるのだった。

章仙さんは何回か銘を変えている。章仙のほかに「庄太郎」「庄山」などを使っている。これを機会にみなさんもどこかの銭湯でタイル絵を見たら、画銘を観察してみるのも、銭湯の新しい楽しみ方になると思う。

京都府京都市・藤の森湯にあった豪華絢爛のマジョリカタイル。現在、カフェ「さらさ西陣」としてリニューアル。浴室だった場所でコーヒーを飲むことができる（写真は銭湯だったころのもの）。

モザイク画

絵を描くのとは方法が違うが、タイル系絵画のひとつに「モザイク画」がある。1センチメートル四方前後の小さなタイルをパッチワークのようにして絵を構成するものだ。タイル絵ほどは使用されてはいないが、基本的には浴室のタイル絵と同じ部分に登場している。3章で紹介した稲妻《いなづま》温泉（→口絵ⅷ、P104）のように、まれに正面のペンキ絵の部分がモザイク画となっていることもある。

また、「マジョリカタイル」という、半立体で極彩色のきらびやかなタイルを使用している銭湯もある。その発祥はイベリア半島。イスラム文化の影響下で発達したものである。一般にはあまり使われず、遊郭の建築物などに使用されていたが、次第に銭湯などにも使われるようになった。基本的にはアクセントとして白無地タイルの上部に1列ほど使用されることが多い。

しかし、京都市にあった「藤《ふじ》の森湯《もりゆ》」は、浴室の壁ほぼ全面がマジョリカタイル張りという豪華な銭湯であった。現在はカフェ「さらさ西陣《にしじん》」として第2の人生を送っている。

そのほか、タイル系絵画以外では、ガラス絵というものもある。なかでも裸婦をモチーフにしたものが多いが、東京以外ではあまり使用されていない。

東京都目黒区・松の湯（現在は廃業）にあったガラス絵。

5 現在から未来へ

現代の銭湯

生まれ変わる銭湯

東京の銭湯を例に挙げてみると、１９３７年当時は２９００軒余りあった銭湯が、戦時中、空襲や強制疎開、あるいは倉庫、工場への転用などで激減してしまった。浴場組合の資料によると、終戦時には約４００軒にまで減ってしまったという。

この状況は、空襲被害のあった都市は全国どこでも同じであった。

焼け跡のなかでいち早く現れたのは、ドラム缶使用の簡易な風呂であった。やがて多くの銭湯が復興に向けて営業を始め、どこも開店を待つ行列ができたという。湯船はそれこそ芋を洗うごとくの混みようで、入場制限をしなければならなかったそうだ。

このころの銭湯の番頭さんは、燃料収集に大変苦労した。燃料に恰好な廃材などはバラック住宅などに再利用されることが多かったからである。

一方、マッカーサー連合国軍最高司令官は、日本民主化のため、日本政府に各種の指令を出した。それにもとづき、行政面の改革が進められた。

銭湯業界も同様で、それまで警察庁管轄であった銭湯が各都道府県の民生局生活課へ移管され（道府県により民政部ほかもあった）、「浴場及び浴場営業取締規則」のもとに営業許可制となった。さらに入浴料金も許可制とするなど、全国的に改正が実施され、国民の公衆衛生に不可欠な浴場施設の復興がはかられた。

１９４８年には、銭湯間の適正配置をはかるため、近接浴場との距離を、地域により２５０～３００メートル以上と定めた（一部例外あり）。

１９５８年、環境衛生法施行に基づき、各種業界で同業組合の設立が進められた。その結果、それまで都道府県ごとにばらばらだった組合が関係を持ち、同年5月に「全国公衆浴場業環境衛生同業組合連合会」が設立された。昭和30年代（１９５５～１９６４年）に入ると、それまでの銭湯設備に新しいシステムが導入されるようになってきた。私の記憶によると、子どものころは閉店間際に行くと、湯船の湯が少なくなり、その上、色が濁ってしまっていた。そこで登場したのが巡回式の濾過材である。今でこそ家庭用風呂にもよく使用されているが、この時代、多くの銭湯が導入しはじめた。燃料に関しても、このころから重油などの液体燃料が増えてきて、組合も独自の重油タンクを持っていた（２００７年撤去）。

また、東京オリンピックを終え、高度経済成長期に入ったころには、戦前の建物の老朽化が進んだことと、銭湯経営者の代替わりの時期だったこともあり、建て替えをする銭湯が増えてきた。それまでの木造銭湯から、いわゆる「ビル型銭湯」が登場するようになったのだ。ビル型銭湯とは、共同住宅と同一のビルに銭湯施設をつくるというもので、経営者としてはリスクの少ない方式ともいえ、その数を増やしていった（188ページの金春湯《こんぱるゆ》がそのひとつ）。

１９８２年ごろになると、名古屋で開店したのが始まりといわれている大型浴場（スーパー銭湯）が全国に登場し、銭湯業界は危機感を持った。しかし、地域に密着した浴場という長い歴史と実績をもとに、それぞれが努力をして経営を続けている。

なお、２００３年施行の「健康増進法」、２００８年改訂の「健康日本21」により、銭湯における全面禁煙化が実施されるようになった。

銭湯の基本構造

現在の銭湯の構造は、基本的には江戸時代と同じである。手前から入口・番台（フロント）・脱衣場・浴室・釜といった順は、現在もそのまま引き継がれている。

173ページの構造図は１９３５年当時のもの

東京都品川区にあった三光湯（現在は廃業）の取り壊しの様子。１週間ほどで跡形もなくなってしまう。

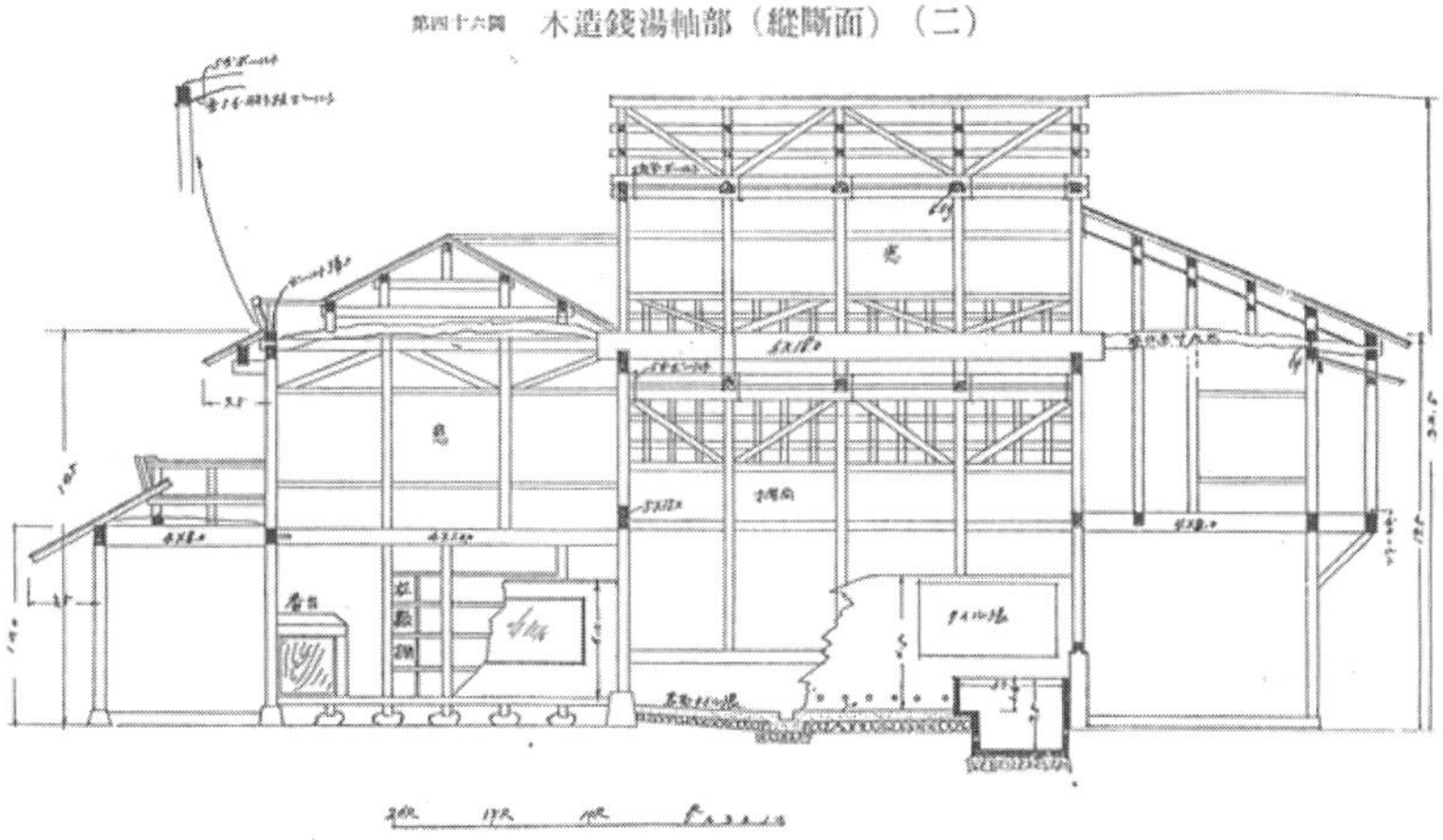

銭湯建築の断面図（『実用建築講座第７巻』東学社、1935 年）。

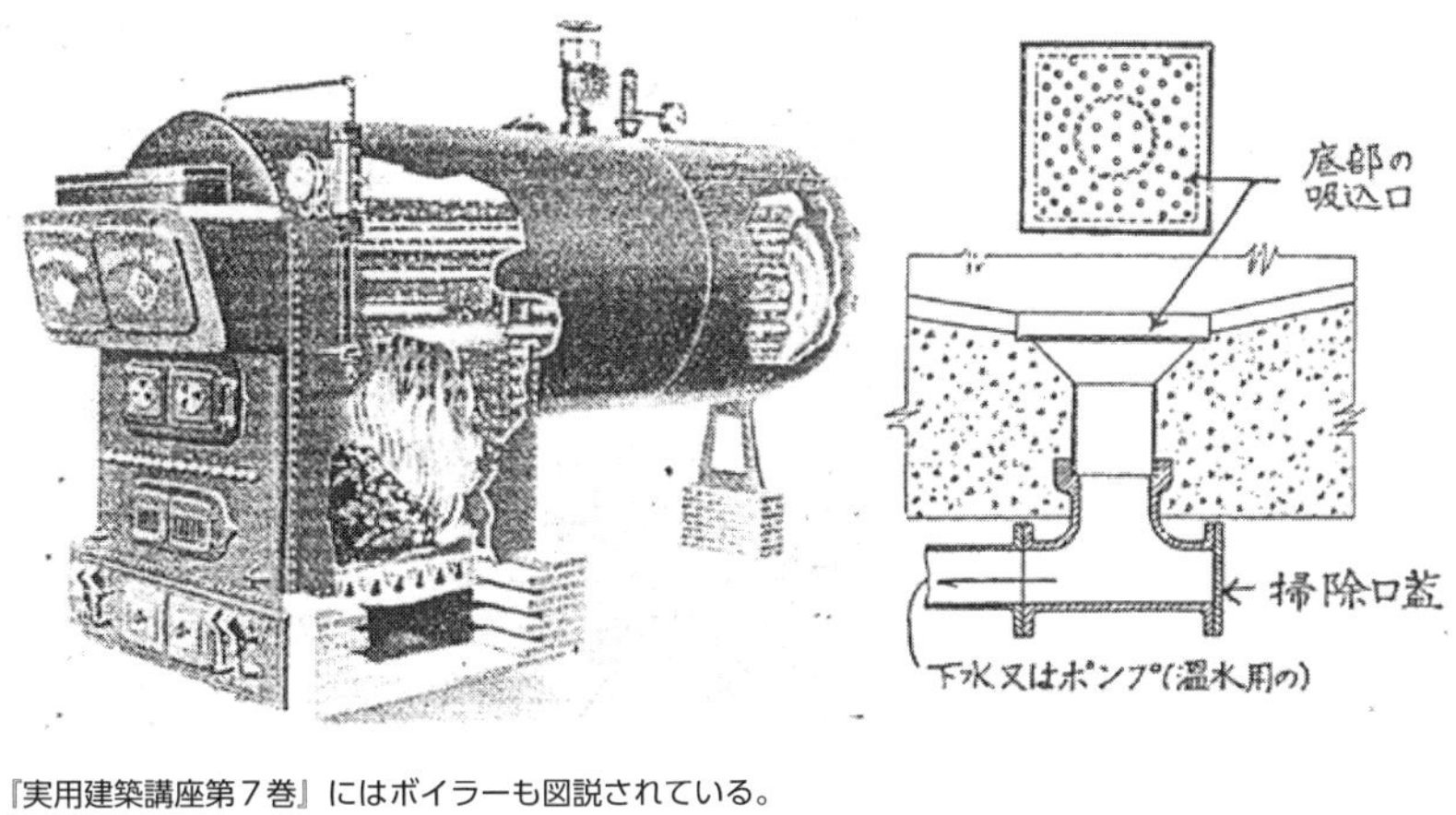

『実用建築講座第７巻』にはボイラーも図説されている。

ではあるが、現在も営業している木造銭湯と同じと考えてよい。

まず、脱衣場を見ると、天井が吹き抜けとなっており、窓がある。これは東京型銭湯の特徴であり、東京型以外だと吹き抜けのスペースが居室などにあてられる。

脱衣場部分までの屋根は瓦葺きとなり、奥の浴室は必ずトタン葺きとなっている。これは浴室の空間が広く柱の数が少ないため、瓦では重すぎるからである。また、浴槽は浴室の地面に半分ほど埋め込まれているのがわかる。

浴室の奥にはボイラーが設置されている（173ページ下の図版）。ボイラーは釜場と呼ばれている部屋にあり、その構造は蒸気機関車と同じである。やかんのように直接水を沸かすのではなく、水のタンクのなかに何本ものパイプがあり、そこが燃料によって温められて水が90度ほどの高温となる。それに水

筆者が1968年、北海道旭川駅にて撮影した蒸気機関車。銭湯のボイラーも機関車の蒸気と同じ要領で水を温めていた。

を加えてちょうどよい温度として浴槽に送る。

湯を沸かすための燃料も以前は薪や重油などだったが、現在はガス化が進んでいる。ガスの利点は薪を置くスペースがいらないこと、そして重油よりも価格が安定していることだ。また、現在の釜はコンピューター管理となり、常時人がついていなくともよくなった。

さらに、客が体を洗ったあとの湯にも多少温度が残っているので、排水溝に流す部分に水の通るパイプをあらかじめ通しておいて、廃水の湯の温度を利用してその水を温めるというエコ設備を採用している。

●黄色い桶の謎

銭湯の浴室には必ず桶がある。銭湯の桶といえば「ケロリン」と書かれた黄色い桶（↓口絵ⅷ）を思い浮かべる方も多かろう。

ケロリン桶は、子どもが蹴飛ばしても、腰掛けてもびくともしない強さが人気を博し、長きにわたり多くの銭湯で愛されている。しかし、実は「ケロリン」というのは、桶の名前ではない。では一体「ケロリン」とは何なのか、誰が、いつ、どこで、どのようにして生み出したのだろうか。ユニークな広告戦略によって世の銭湯に広まったこの桶の歴史を見てみよう。

富山県に本社を構える「内外薬品」は、大阪の薬問屋の集中する道修町《どしょうまち》から直接仕入れた原料薬品を、県内の漢方薬製造会社へ卸す問屋として1902年に創業した。1925年、それまで水薬しかなく不便であった鎮痛薬の粉末タイプとして開発されたのが「ケロリン」だ。ケロリと痛みが治るというのがその名の由来である。発売元である内外薬品商会（当時の社名）は、実に多くの手段でケロリンを世に広めようと試みてきた。ブームとなっていたボクシングと野球に目を付け、戦前すでにボクシング会場にケロリンの名前入りの垂れ幕を掲げていたし、1934年のアメリカ大リーグ選抜野球チーム来日時には、ベーブ・ルースも参加した試合で、後楽園球場にケロリンの大垂れ幕を登場させていた。

1958年には、当時一般家庭に普及していたラジオを利用して「青空晴れた空」というコマーシャルソングも流した。作詞・サトウハチロー、作曲・服部良一《はっとりりょういち》、歌・楠《くすのき》トシエという豪華な顔ぶれだった。ほかにも浅草のロック座や映画館、デパート、列車内などで「ケロリンの○○さ～ん、ご面会です」と、場内呼び出しをかけ

ケロリンの広告（1930年）。（提供：内外薬品株式会社）

たりもした。当時は広告として商品名もアナウンスしてくれたので、それを利用して、名前を浸透させようとしたのである。そんな広告戦略の甲斐もあり、着々とその名は全国に広まっていった。

そんなケロリンがなぜ銭湯の桶に印字されることになったか、その歴史に関しては内外薬品の百周年記念誌『メデシン・ロード　薬の道』（内外薬品株式会社百周年記念誌編集委員会編、２００１年）に詳しく紹介されている。一部引用しつつその発祥に迫ってみたい。

広告会社「睦和商事」（現在は廃業）の営業スタッフでありのちに社長となる山浦和明《やまうらかずあき》氏（１９４０年生まれ）は、北海道登別《のぼりべつ》温泉の風呂桶を見て、ふと底に広告を入れるアイディアを思いついた。

そのころ全国には銭湯が2万軒近くもあった。それだけに有力な広告媒体と考えついた山浦氏は、スポンサーを求めて訪ね歩き、１９６３年、富山県にたどりついた。富山といえば配置薬で有名。そこで訪れたのが内外薬品商会だった。これが当時の東京営業所副社長・笹山忠松《ささやまただまつ》氏との出会いだった。

「早速、東京営業所へ会いに行く。木造の建物は旅籠という感じで、床をギシギシッと鳴らせて、ステテコ姿の忠松が現れた。『しまった。間違えたかな』と山浦は思ったが、話をしてみると、『おもしろいね』ということで、すんなり独占契約が決まった。『ケロリンは有名だけど、ほんとうにお金をもらえるのかな』と山浦は内心、不安を感じながらも、まず手始めに東京駅前八重洲《やえす》口の『東京温泉』に試験的に入れてもらうことで話を進めた」（『メデシン・ロード　薬の道』より引用)。

時は折しも、東京オリンピックの前年にあたる。東京では、海外から外国人が来た時にコンクリート製のゴミ箱が家の前にあるのは美観的によくないということで、ポリバケツが使用されるようになったころだ。銭湯の桶もそれまで木製が主だったが、衛生的にも良いプラスチック桶は、時代を先取りしていた。

山浦氏は浴室で使用してもケロリンの文字が消えないように独自に開発した熱処理技術で樹脂のなかにインクを染み込ませる方法を使用した。初期の桶は黄色ではなく白色(この白いケロリン桶は現在では希少価値が高くなっている)。原価コストの分配は、東京温泉へ半額で納品し、残りの半額を広告料として内外薬品商会が持つとい

稲荷湯で使用されている、木の桶を洗うための道具。

東京都北区の稲荷湯では、2016 年現在でも木の桶が使われている。

うシステムが取られた。東京温泉の桶が評判となったのを機に、笹山氏と山浦氏で全国行脚し、ケロリン桶を展開することになった。

「ふたりは妙に気が合った。昼間はケロリンの販売で薬局廻り、そのうちに山浦も内外薬品の名刺を作ってもらい、車の運転をしながらセールスに加わった。十二、三台もケロリン名入りの車を連ねてのキャラバン隊は、いい宣伝になる。まだ砂利道の多い時代で、パンクやエンストに悩まされ、車の寿命は1年も保たなかった。夜は行く先々の温泉宿で、風呂桶を売り込む。浴場組合の会合に出かけていくこともあった。持ちつ持たれつの同行営業である」（『メデシン・ロード　薬の道』より引用）。

2000 年ごろ、ケロリンとケロリン桶の広告。

　ケロリン桶は、このような苦労を重ねていって、全国に広まっていった。現在、桶の製造は内外薬品がおこない、「ケロリン」名入りタオル、キーホルダーほか、いろいろなバリエーションの関連グッズが発売されている。

　おもしろいことに、関東と関西のケロリン桶の大きさは異なっている。関東型は直径22・5センチメートル、360グラム。関西型は直径21センチメートル、２６０グラムである。大きさが違う理由は、関西は昔から、湯船の湯を桶に入れてかけ湯をする習慣があり、片手で持ちやすい大きさになっているからといわれている。関東型はカランから湯を桶に入れるので比較的大きいサイズ、というわけだ。

●姿を消した「三助さん」

「斉藤《さいとう》湯《ゆ》」は東京下町、荒川区日暮里《にっぽり》駅の近くにある。２０１４年12月末日、「三助」と呼ばれる職業につく日本で最後の人物が引退をした。三助とは銭湯で風呂を焚いたり入浴客の体を洗ったりする男性のことである。

その人、橘秀雪《たちばなひでゆき》さんは１９３９年生まれ。15歳の時に富山県の氷見《ひみ》から上京、初代ご主人の奥さんと親戚だった関係から、斉藤湯に就職した。残念ながら体調をくずしたための引退となってしまったが、橘さんには私も何度も背中を流してもらっていた。

ここで紹介したいもうひとりの三助さんは、木戸勇二《きどゆうじ》さん（１９３２年生まれ）。石川県能登《のと》の出身で、19歳で上京すると、港区麻布《あざぶ》の「竹《たけ》の湯《ゆ》」で仕事に就いた。

木戸さんの最初の仕事は、リヤカーでの薪集めだ。薪は、街の材木屋や下駄屋、家屋の解体現場などから入手した。薪がリヤカーいっぱいにならないと、帰れなかったという。竹の湯には番頭さんを筆頭に何人もの従業員がいた。私の記憶でも、脱衣場に若い女性従業員が何人もいて、子どもや赤ん坊の入浴が終わり、親が自分の体を洗う時は、この女性らが子どもを預かっておむつ交換をしたり服を着せたりして面倒をみたものだ。さて、木戸さんは数年薪集めの下働きをした後に、今度は銭湯のお湯を沸かす釜番の担当となった。釜番は、火の番をしてお湯の温度を調節する仕事で、客の数によって入れる薪の量を増減させるなど、技術が必要とされた。その後、番頭さんとなるまで10年かかったという。ちなみに釜番は中番頭。順序として、小僧（住み込みの従業員）、中番頭、番頭という位がある。三助さんの修業は、中番頭時代から始まる。

客がどうやって三助さんを利用するかというと、まず番台に申し出て木の札をもらう。料金は、だいたい入浴料金ほど。時間は10分くらいだが、客が少なければ、もっと長くしてくれる。

当時三助さんはサラシに半ダコという、粋な出で立ちだった。木戸さんによると、「若い芸者さんの背中を洗っていたら、手を握られて、おっぱいに押しつけられてね！」というような色っぽい話もあったようだ。

話は最初に述べた斉藤湯に戻

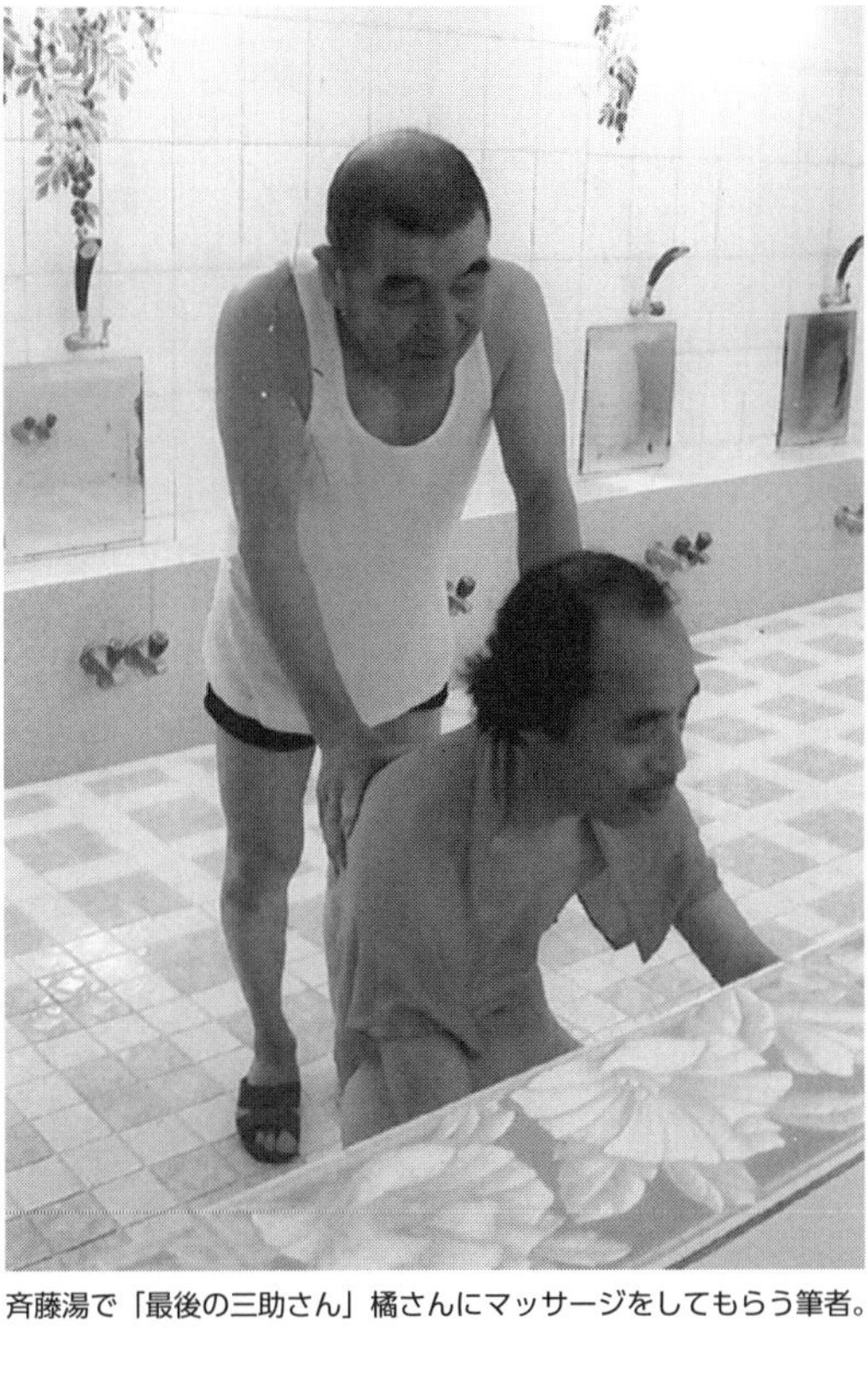

斉藤湯で「最後の三助さん」橘さんにマッサージをしてもらう筆者。

るが、斉藤湯の場合は番台で料金を払うと、長さ18センチメートルほどの「ながし」と文字の入った木札を渡されるので、それを浴室で自分の前に置いておく。番台から、三助さんの待機している下風呂（浴室に湯を送るための熱い湯を入れている槽のことで、分厚いヒノキやヒバの板が載せられていて、冬場などはポカポカとあたたかくて居心地の良い場所。銭湯経営者の家族などはここで食事などすることもあった）へ、男性は1回、女性は2回と、昔は拍子木、近年はブザーで知らせると、三助さんが木の札を目印にして来てくれる。三助さんは専用の少々大きめの桶を使用してお客さんの体を流し、手早くマッサージを施す。仕上げは、浴室に響くほどの大きさで客

斉藤湯で使用していた、三助さんを利用する客のための木の札。これを濡らした洗い場の鏡にペタッと貼りつけるのが常連客のやり方だった（筆者所蔵）。

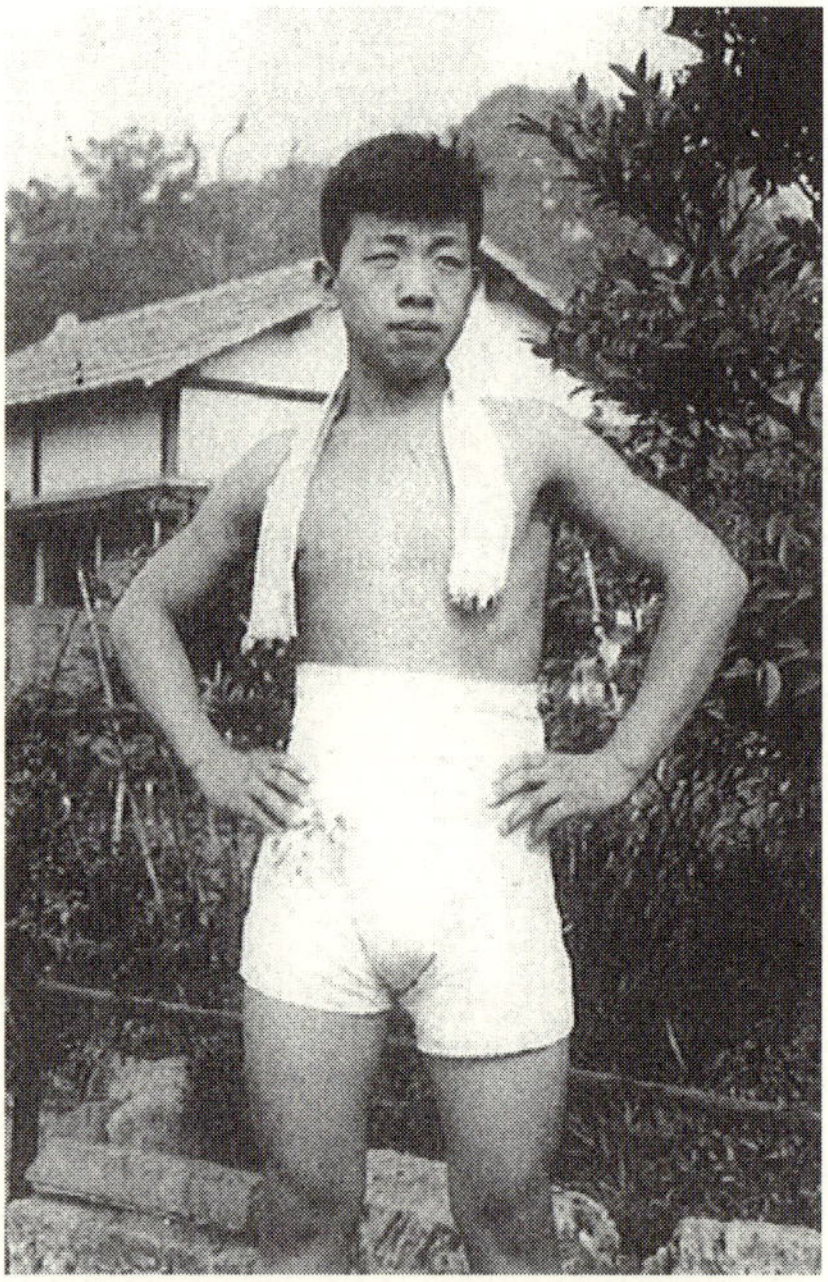

若いころの木戸勇二さん。サラシに半ダコ姿だ。

の体をたたく「パンパン」という音だ。この音の響きによって、その三助さんの腕前がわかるという。前出の木戸さんは、昔、自分の内股をたたいて練習をしたために、真っ赤にはれあがってしまったという。

木戸さんによると、急用で仕事ができない時は、「寄子部屋《よりこべや》」と呼ばれるところから、臨時で三助さんを派遣してもらったそうだ。明治時代には、寄子部屋が都内に6、7軒あり、ここにフリーの三助さんが所属していた。

昭和のはじめのころには「寄子部屋」は、東京市内、郡部あわせて37～38軒にまで増えた。『東西浴場物語』（浴場新聞社、1929年）によると、部屋の親分は子分と呼ばれる大勢の三助を手元に置き、得意先の銭湯に派遣した。各部屋は、それぞれ百軒ほどの得意先銭湯を持っていた。親分は、所属している三助が病気をした時やお金が必要になった時も面倒をみて、亡くなった時には葬儀も出したという。それは、都内のある寺に、身寄りのないまま亡くなった三助さんらの墓があることからも理解できる。

1931年の警視庁の調査によると、当時東京市内の寄子部屋所属の三助さんは1100人となっている。もちろん、このほかに前出の橘さん、木戸さんのように、銭湯の番頭さんとして住み込みで三助仕事をした人もいた。そんな三助さんも戦後になると、急激にその姿を消していった。その原因としては、マッサージ機の登場や、マッサージ師の免許がないので法的に営業が難しくなったこと、さらに、寄子部屋が職業安定法の対象ではないことなどが考えられている。

●ニュー銭湯の登場

銭湯業界でも世代交代が進んでいる。東京では、初代経営者は北陸3県の出身者だが、2、3代目になる現在は東京生まれが主流となってきている。

ここ20年ほど前より、跡継ぎのいる老舗銭湯がリニューアルして、今までにないユニークな個性を発揮している。

それらの銭湯の特徴は、経営者のほとんどが、土地・建物両方のオーナーだという点にある。土地も店も借りているケースや、土地のみ借りているケースでは、別にオーナーがいて、オーナーの都合で土地を処分したり、閉店してマンションに建て替えてしまったりすることが多い。

かつて私の近所の行きつけだった目黒区の「永生湯《えいせいゆ》」も、借りている人は営業したかったが、オーナーが家賃の値上げを通告してきたので、閉店を決意したという。土地・建物両方のオーナーである場合、こういった心配がないので、存続しやすいのである。

現在、新しく銭湯を建てるには数億円が必要といわれる。40歳代前後ぐらいのローンを組める年齢になったところで、サラリーマンをやめて銭湯経営に入る2、3代目もいる。

ところで、銭湯は水回りに特別のノウハウが必要となり、構造も他のビルとは異なることから、専門の業者が設計建築を担当することが多かった。しかし、20年ほど前から、大手建築会社がこの業界に興味を持ち、それまで銭湯を手がけてこなかった設計事務所も積極的に銭湯業界に進出してくるようになった。

それらを私は「ニュー銭湯」と呼んでみた。いわば銭湯のルネサンスということだろうか。それまで銭湯をおもに建ててきた業者はどこもパターン化された設備で、正直、個性という面では少々難があった。しかしニュー銭湯はそれらと異なり、どこも個性的でおしゃれだ。間接照明を多用したり、あえて伝統的なペンキ絵を飾ったりする銭湯が多い。またバリアフリーは当然のこと、その外観も今までの銭湯とは異なる斬新なデザインとなっていて、客数も確実に増加している。銭湯という固定観念にとらわれず、若い感覚でデザインしているのが良い点だと思う。

さらに、高齢者支援の視点から最近増えてきたのが「福祉入浴」というものだ。おもに行政や民間福祉施設などとタイアップして、営業時間前、もしくは定休日に、地域の高年齢の人たちに、入浴のサービスを提供するというもので、銭湯の新しい活用法といえる。

銭湯業界はある意味での戦国時代に入っているのではないかと思うが、客としては、どんなニュー銭湯がこれから登場するのか、楽しみなところだ。

銭湯雑学

時代はうつる　昭和の銭湯

「表構へはさながらカフエー」、「男湯二階、女湯一階…」これは1928年の新聞記事である。当時の最先端のモダン様式「アール・デコ」風の外観のビル。その銭湯の屋号は「シロユ」である。

　記事を一部引用する。「ツイ先頃日本橋通り四丁目裏と、浅草雷門付近に二軒ほど出来たのがそのさきがけとして生れたものだ。（中略）写真の様にその建築は小ホテルの感じ、入口は気のきいたハイカラなツイタテが目かくしになってゐるあたりがどうしてもカフエーのやうである、入ると直ぐ下足を預けて活動写真の切符売場の様な所で湯銭をだすと女は下、男は直ぐトン〱と二階に上る、女は子供伴れなどあるからそのための便利に特に下にしたさうで頭の上に女湯は怪しからぬ、といふことぢやないさうだ（以下省略）」。

　90年近く前にすでにこのような銭湯が登場していたことは興味深く、現在のビル型銭湯と同じような構造であったことがわかる。

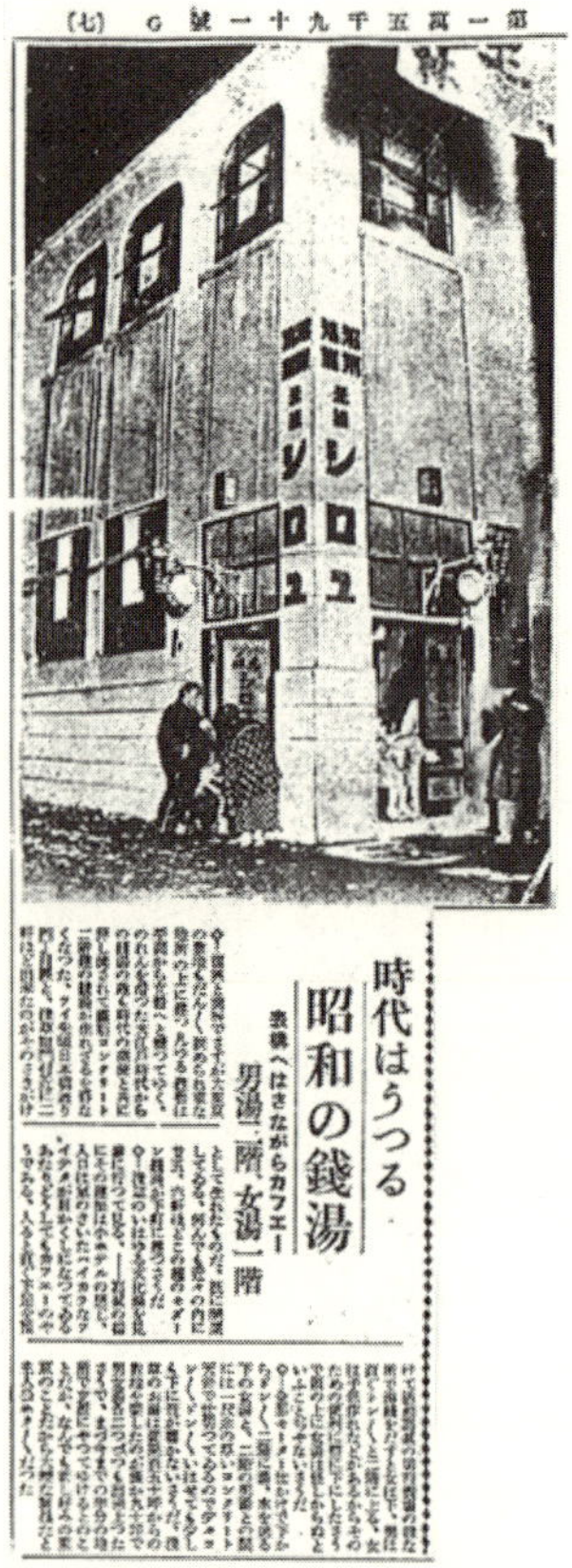
第一萬五千九十一號　G　（七）

時代はうつる
昭和の銭湯
表構へはさながらカフエー　男湯二階　女湯一階

1928年5月17日付の『朝日新聞』。

ニュー銭湯巡り

銭湯の数が減っていることはすでに述べた。客の減少がいちばんの原因であるが、逆に客が増えている「ニュー銭湯」があるのも事実である。

従来の銭湯は、浴槽は大中小の3種類ほどが多かった。しかし、繁盛している銭湯は、多種多様の風呂（露天風呂、電気風呂、ジャグジー、座り風呂など）を用意していることが多い。サウナや打たせ湯を備えた銭湯もある。私はこれをいろいろな楽しみがあるという意味で、「幕の内タイプ」と呼んでみた。

現在、ニュー銭湯は確実に増えている。特徴は、若い跡継ぎがいて、新しいアイディアを採用して個性的な銭湯を経営していることだ。

ニュー銭湯は、遊び心のある設備が多く、巡るのも楽しい。若いご主人たちは、自ら話題となっている銭湯を見学して、常に勉強している。そこから新しいアイディアも浮かぶというものである。そうしたニュー銭湯に出合うたび、銭湯の未来を明るく感じ、私も元気が出るのである。私が今までに訪れたニュー銭湯のうちの何軒かを紹介してみよう。

「銀座の老舗」
東京都中央区・金春湯《こんぱるゆ》

江戸時代創業の銭湯は都内に3か所ある。そのなかのひとつが銀座8丁目にある「金春湯」だ。創業は江戸時代の文久年間（1861〜1864年）。ご主人の横山正敏《よこやままさとし》さんによると、木造から現在のビル型銭湯にしたのが1957年のことだから、当時としては、かなりめずらしい形式だった。

1945年の東京大空襲で激減した東京都内の銭湯数も、戦後に回復を見せ、1968年には銀座だけで8軒あった。しかしだんだんその数も減り、現在は1丁目の「銀座湯」と、ここ金春湯を残すのみとなった。

「金春湯」という名前の由来は、江戸時代この

金春湯の外観。

小綺麗な金春湯の浴室。

付近に、金春流の能役者の屋敷があったことからだと伝えられている。

銀座という場所柄、入浴客も仕事前の板前さんや、ホステスも多かったそうで、今はスーツ姿のサラリーマンが多い。

番台式で、大正時代から祀り続けているという神棚がある。浴室には2014年にペンキ絵師の中島盛夫《なかじまもりお》さんと私が描いた宝船の絵と、立派な鯉の九谷焼《くたにやき》タイル絵もあり、古さと新しさが融合したユニークな味わいの銭湯となっている。

●「下町の駅前に立つ」東京都荒川区・斉藤湯《さいとうゆ》

東京下町、JR日暮里《にっぽり》駅を少し入った場所にある「斉藤湯」は、2015年4月末日にリニューアルした銭湯だ。木造建築からビル型銭湯に生まれ変わった。外観はそれ以前の銭湯時代の様式を引き継ぎ、シンプルな三角屋根が印象的な少しレトロな味わいのある建物である。実はこの銭湯、180ページで紹介した日本最後の三助さんのいた銭湯でもある。

浴室の天井もビル型銭湯としてはかなり高く、開放的な空間に心も癒される。

ご主人である斉藤勝輝《さいとうまさてる》さんの「浴槽を充実させたので、あえてサウナなどはつけませんでした」との言葉どおり、浴槽は5つあり、それぞれがかなり広く、ゆったりと入れる。湯船の湯にもカランの湯にも、肌に刺激の少ない軟水を導入。ミクロ単位の気泡が発生して、マッサージ効果のほか毛穴の汚れや老廃物を取りのぞいてくれると評判のシルキー風呂や、血行がよくなることで人気の炭酸泉風呂もあり、特に女性に人気があるという。ほかにもジェット風呂、寝風呂、電気風呂が備わった大浴槽、熱湯好きに人気の高温湯（44度）、水風呂など、充実したラインナップ。広いフロントには生ビールもあるのが嬉しい。

さすがに設計からデザインに1年以上かけただけのことはあるニュー銭湯となっている。

リニューアルオープンしたばかりなので建物も新しい。

ちょっとした庭を眺めながら湯につかることができる。小さいながら富士山の絵もある。

「2種類の天然温泉」東京都品川区・武蔵《むさし》小山《こやま》温泉清水湯《しみずゆ》

2008年5月末日にリニューアルオープンした武蔵小山にある銭湯。住まいに近いということもあり、以前より私の行きつけの銭湯だった。

外観は、木戸門のある和風様式で趣ある豪華な造りだ。ご主人の川越太郎《かわごえたろう》さんによると、貸し部屋はなく自宅のみとのこと。これはめずらしいことだ。それだけ銭湯一筋でやっていくという思い入れが伝わってくる。

清水湯の特徴は、なんといっても、天然温泉かけ流し。おまけに、広い露天風呂では、鉄分を含む「黄金の湯」[*1]と、東京の温泉に多い「黒湯」[*2]の2種類の温泉が1か所で体験できるという、都内唯一の温泉銭湯となっている。また、清水湯の黒湯温泉には、24時間稼働で高濃

筆者行きつけの清水湯。

度のナノバブルが充填されている。この超微細な泡が、水質改善に効果があるということで、「超最先端のナノバブル技術と太古の地球の恵みである天然黒湯温泉の融合」も日本唯一の試みだそうだ。黒湯でつくった温泉卵（50円）もフロントで販売している。

浴室は木をふんだんに使用しているので、落ち着いた雰囲気となっている。ご主人が関西から九州方面まで広範囲に浴場の研究をしてきた成果を十分に感じる銭湯である。

＊1 武蔵野台地の東部、500万年前の地層から湧出。うがい薬のイソジンの成分ヨードが高濃度で入っている。

＊2 100～200万年前の地層から湧出。泉質名は「重炭酸ソーダ泉」で、特に肌の軟化作用にすぐれ、保湿、保温に効果を発揮するといわれる。

木のぬくもりが感じられる浴室。

●「京都町家風」
東京都北区・テルメ末広《すえひろ》

かつては「末広湯」という店名であったが、現在は「テルメ末広」という、白を基調としたモダンな銭湯となった。ほかの銭湯とは建物のデザインが異なり、格子が特徴ともいえる京都の町家風の造りになっている。

フロントを併設したロビーには、無料ゲームやインターネットコーナーを設置。広くゆったりとしていて、心がなごむ。

浴室には露天風呂や名物の変わり風呂があり、月に3回ほどの自然薬湯が好評だ。

2階にある無料休憩室は、江戸時代に銭湯の2階がサロンのように使用されていたという歴史にちなみ、現代風にアレンジしたものだという。

最近、荒川《あらかわ》をマラソンする人のために、荷物を預かるサービスも企画。日本市民スポーツ連盟の通年ウォーキング基地としても登録され、多くの人に魅力を発信している。

2階の休憩所では、風呂上がりにゆっくりくつろぐことができる。

テルメ末広の外観。

浴室。丸い鏡がかわいらしい。

●「だんじりの乗る銭湯」

大阪府岸和田《きしわだ》市・だんぢり湯《ゆ》

大阪湾に面した城下町、岸和田の「だんじり祭」はあまりにも有名であるが、「だんぢり湯」はまさに岸和田を象徴する銭湯である。

建物の前に立つと、まず目に入ってくるのが入口正面の反りかえった大屋根の上に乗っているだんじりの山車《だし》だ。その迫力は、「すごい」の一言。どう見ても本物だ。

ご主人によると、息子さんがだんじりをつくる職人なので半端なものはつくれず、したがって本物のだんじりを乗せてしまったとのこと。だんじりは少なくとも1基1億円以上というから、それを見るためだけでも行ってみたくなる。さらに室内の広いロビーには巨大なスクリーンがあり、映っているのは当然だんじり祭だ。

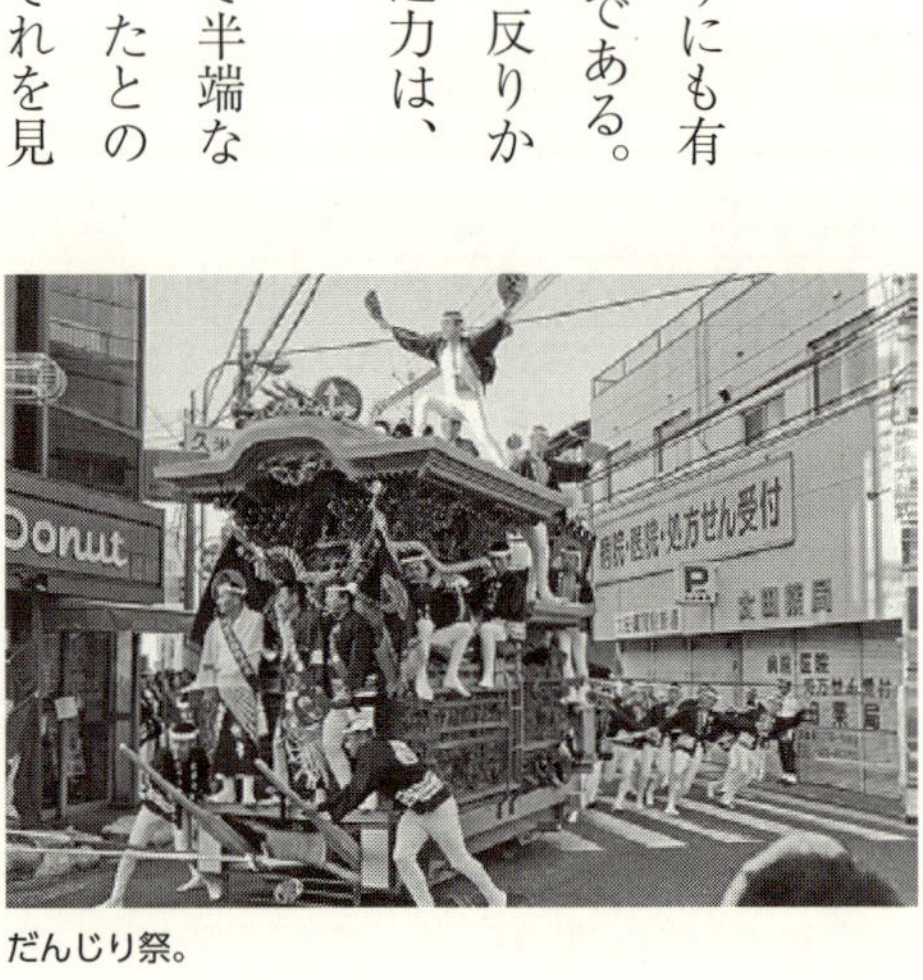
だんじり祭。

料金は一般銭湯料金とロイヤルコースの2種類がある。一般料金は、8種類のジェットバスが楽しめる内湯のみ。内湯のほかに、源泉掛け流しの露天風呂、高温とスチームの2種類のサウナ、0度という冷温サウナなどを楽しめるのがロイヤルコースだ。さまざまな設備があるのも、お祭りのようににぎやかで楽しい。

毎朝7時から営業、年中無休というのも銭湯ファンにとっては嬉しいポイントだ。

立派なたたずまいのだんぢり湯。

だんじり山車の迫力に圧倒される。

●「浪花の巨大銭湯」
大阪府豊中市《とよなかし》・五色湯《ごしきゆ》

おそらく大阪が日本一銭湯業界の競争が激しい地域といえるだろう。そんな大阪で、早くから人気の銭湯となっているのがこの「五色湯」だ。

五色湯は一般銭湯としては規模が大きく、スーパー銭湯と思っても不思議ではない。1986年に誕生したというから、ニュー銭湯としては老舗の部類に入る。

1階のフロントスペースもかなり広く天井も高い。かつて1955年に開業した、千葉県の船橋ヘルスセンター（最盛期年間入場者数450万人・1977年5月5日閉店）を思い起こさせるような雰囲気である。

浴室は2階にあり、風呂の種類は実に多彩だ。内湯には古代檜風呂、電気風呂、低温風呂、高温風呂、ドリームバス、ローリングバス、リラックスバス、ジュビナバス、冷水風呂のほか遠赤外線サウナ、スチームサウナが、露天風呂には岩湯、打たせ湯、歩行湯、薬草湯がある。それぞれがどんな風呂なのか、ぜひ実際に行って確かめていただきたい。

これからの銭湯のありかたを物語る銭湯であり、オープンから約30年経った現在でもその存在感は大きい。

五色湯の外観。一見、銭湯には見えないかもしれない。

広々とした浴室。

銭湯雑学

煙突のスタイル

銭湯の煙突がその町においてもっとも高いものであったのは、過去の話となってしまった。私が全国の銭湯巡りをスタートさせた35年ほど前は、煙突を目標として行けばすぐ銭湯にたどりついたものだが、最近は都市では特に周りに高い建物ができて、それもかなわぬことになってしまった。

ところで、この煙突にもさまざまなタイプがある。東京型は、かつて七十五尺（約23メートル）と決められていた。ほとんどがコンクリート製で、屋号がペンキで入っていることがある。最近は水をはじきやすくするために、表面にシルバー色のペンキが塗られて、金属バンドで補強されていることが多い。また最上部が劣化したために、1メートルほど切断されていることもある。

地方の銭湯の煙突は東京より低いことが多い。材質もコンクリートのほかに鉄管もある。鉄管はアングルを組まないと強度的に自立できないので、ロケットの発射台のようになる。また数は少ないが「土管」製もあり、これも鉄管同様にアングル使用となっている。

また、きわめて少ないが、レンガ煙突もある。

東京都台東区・姫の湯（現在は廃業）にあった煙突。かつては町のシンボルであった。

東京型煙突。シルエットが美しい（自宅窓より撮影）。

東京都目黒区・喜楽湯（現在は廃業）の煙突はからまるツタで緑に覆われていた。

群馬県沼田市・旭湯（現在は廃業）にあったレンガ造りの煙突。

京都府京都市・白川温泉（現在は廃業）にあった鉄管の煙突。

おわりに

銭湯に興味を持って35年目にこのような本を出版することは、私にとって非常に嬉しいことである。すでに私は銭湯関連本や写真集を数冊出版しているが、現在でも新しい事実が判明することも少なくない。本書は現時点における最新の内容となっており、これから銭湯に興味を持つだろう多くの人にきっと役立つと確信を持っている。

近代建築史においても、例えば東京駅などは保存され後世に残るものとして注目されている。ひるがえって銭湯はどうだろう。私が銭湯巡りを開始した当時は地上げブームの時期であり、銭湯１軒を地上げすると、そこを利用していた住民は住めなくなり引っ越してしまう。結果、周辺一帯の土地が地上げでき、のちにビルが建てられるという構図があった。

長年庶民生活のなかで利用されてきた、あまりにも日常的すぎる銭湯は、ほとんど残されることもなくその姿を消しつつあるのが現状である。現在１日１軒のペースで日本のどこかの銭湯が廃業している事実を考えると、あと10年ほどしたら日本から銭湯が姿を消してしまう、と思ってしまうが、よく考えてみると商業として成立してから約８００年の歴史があるわけで、銭湯はその時代に合わせてうまく順応してきた。事実、ニュー銭湯（↓P184）と呼ばれるものは確実に客も増えている。今、銭湯は新しい形に生まれ変わろうとしている時期だと思う。

銭湯を３００軒以上巡ってきて、私は多くのことに気がついた。そのひとつが、銭湯で働いている人たちはみな、この商売が好きだ、ということである。どのご主人や女将さんにお話を聞いても熱く語ってくれるのだ。私は銭湯と出合うことにより、実に多くの人々との出会いがあった。また、途中から、銭湯は調べてみるとかなり奥の深い対象だということに気がついた。例えば、ペンキ絵師との出会いである。30年近く取材しているうちに、いつのまにか描く作業の手伝いまでするようになり、ついにひとりで一面を描いてしまった、ということになってしまった。また、銭湯専門の大工さんに会ったこと、現在はもうやる人のいなくなった「三助さん」へのインタビューも同様、これらの職業はしっかりと歴史に名を刻む必要があると思っている。

この本の執筆にあたってはそんな多くの銭湯関係者の方々にお世話になった。この場を借りてお礼を申し上げます。最後に、私にこのような機会を与えてくださったエヌ・アンド・エス企画の稲葉茂勝社長、そして、この本を発行してくださったミネルヴァ書房の杉田啓三社長にお礼の言葉を述べさせていただきます。また本書を読んでくださった方々、ぜひ身近な銭湯に行ってみてください。日本の銭湯文化は、体の汚れを落とすだけではなく、「浮世の垢」も落とすためのものです。

２０１５年12月　庶民文化研究所にて

神奈川県

新潟県

岐阜県

愛知県

京都府

大阪府

奈良県

広島県

愛媛県

福岡県

鹿児島県

沖縄県

銭湯さくいん

※ローマ数字は巻頭カラー特集のページ数、算用数字は本文のページ数。
＊は 2016 年 4 月現在、すでに廃業した銭湯。

北海道

福島県

群馬県

東京都

参考文献

『いま、むかし・銭湯』ＩＮＡＸギャラリー企画委員会企画、山田幸一監修、ＩＮＡＸ東京ショールーム、１９８８年
『江戸入浴百姿』花咲一男著、三樹書房、１９７８年
『江戸の風呂』今野信雄著、新潮社、１９８９年
『公衆浴場史』全国公衆浴場環境衛生同業組合連合会編、１９７２年
『全国浴場銘鑑』全国公衆浴場業環境衛生同業組合連合会編、１９６９年
『ＳＥＮＴＯ 廿世紀銭湯寫眞集』町田忍監修、大沼ジョージ写真、ＤＡＮぼ、２００２年
『銭湯遺産』町田忍著、戎光祥出版、２００８年
『銭湯の謎』町田忍著、ソニー・マガジンズ、２００４年
『銭湯へ行こう』町田忍編著、ＴＯＴＯ出版、１９９２年
『日本清浄文化史』花王石鹸株式会社資料室編、花王株式会社、１９７１年
『日本のタイル』伊那ギャラリー企画委員会企画、山本正之監修、ＩＮＡＸ出版、１９８３年
『入浴・銭湯の歴史』中野栄三著、雄山閣出版、１９８４年
『「入浴」はだかの風俗史 浮世絵で見るお風呂の歴史と文化』花咲一男著、町田忍写真、講談社、１９９３年
『風呂のはなし』大場修著、山田幸一監修、鹿島出版会、１９８６年
『メデシン・ロード 薬の道』内外薬品株式会社百周年記念誌編集委員会編、２００１年
『ゆ お風呂の文化史』埼玉県立博物館編、２０００年
『湯の聖と俗と 風呂と温泉の文化』兵庫県立歴史博物館編、１９９２年

《著者紹介》

町田 忍（まちだ・しのぶ）

1950年東京生まれ。和光大学人文学部芸術科卒業。学生時代ヒッピーに憧れヨーロッパを放浪。警視庁巡査を経て、明治から戦後における庶民文化史を研究。少年時代より収集しているパッケージなど商品の歴史も研究。テレビドラマや映画の時代考証も手がける。現在、庶民文化研究所を設立、活動を続けている。主な著書に『納豆大全』（小学館）、『昭和レトロ博物館』（早川書房）、『蚊遣り豚の謎』（新潮社）、『マッカーサーと征露丸』（芸文社）、『銭湯の謎』（ソニー・マガジンズ）他多数あり。社団法人日本銭湯文化協会理事、浅草庶民文化資料館・三十坪の秘密基地名誉館長、台場一丁目商店街（デックス東京ビーチ）特別顧問。

編集：こどもくらぶ（原田莉佳）
制作：エヌ・アンド・エス企画（吉澤光夫、石井友紀）

シリーズ・ニッポン再発見②
銭　湯
──「浮世の垢」も落とす庶民の社交場──

2016年6月20日　初版第1刷発行　〈検印省略〉

定価はカバーに
表示しています

著　者　町田　忍
発行者　杉田啓三
印刷者　和田和二

発行所　株式会社　ミネルヴァ書房
607-8494　京都市山科区日ノ岡堤谷町1
電話代表　(075)581-5191
振替口座　01020-0-8076

平河工業社

ISBN978-4-623-07705-2
Printed in Japan

シリーズ・ニッポン再発見

既刊

石井英俊 著　　A５判 224頁

マンホール　　本 体 1,800円

——意匠があらわす日本の文化と歴史

続刊予定のテーマ

津川康雄 著

タワー

屎尿・下水研究会 編著

トイレ

五十畑弘 著

橋

信田圭造 著

包丁